Cocina Sabina

Lieblingsrezepte von Sabine Hueck

Tre Torri

Inhalt

Die mit * gekennzeichneten Zutaten werden im Glossar erklärt.

VORWORT

Liebe Freundinnen und Freunde der Weltküche,

die Küche meiner Kindheit liegt in São Paulo. Inmitten von Mangos, Papayas und Bananen träumte ich allerdings von für mich exotischen Früchten wie Johannisbeeren, Zwetschgen und Kirschen. Ich dachte immer, wenn ich so etwas irgendwann esse, explodiert die Welt, so gut hörte es sich in den Erzählungen meiner beiden Omas an – zwei Berlinerinnen, wie sie unterschiedlicher nicht hätten sein können. Die moderne, verrückte Schauspielerin aus Köpenick mit Berliner Schnauze, emanzipierte Mutter dreier Kinder, und die vornehme Tochter des Astronomen Friedrich Simon Archenhold aus bürgerlich-jüdischem Hause, die als Kind den Freund des Hauses, Albert Einstein, mit ihrer Geige begeistern durfte.

Die Schauspielerin war eine hervorragende und sehr kreative Köchin. Sie kochte immer mit frischem Gemüse aus dem eigenen Garten und liebte auch nach Jahren in Brasilien noch die deutsche Küche. Da sie nicht alle Zutaten für ihre Lieblingsgerichte bekam, hat sie sie durch brasilianische Lebensmittel ersetzt.

Als auch ich anfing professionell zu kochen, wurde mir bald klar, dass meine Oma nicht die Einzige war, die sich neuen Bedingungen anpassen musste. Um mich herum in São Paulo gab es Italiener, Japaner und Libanesen, denen es ganz genauso ging. Während meiner Reisen durch Lateinamerika, Asien und Europa habe ich dann festgestellt, dass die besten Gerichte das Ergebnis gewagter Kombinationen sind. Warum nicht einfach mal eine Pizza mit Lachs-Sashimi belegen oder die Entenbrust mit grünem Salat und einem Maracujadressing servieren?

Manche Zutaten in meinen Rezepten mögen Ihnen auf den ersten Blick fremd erscheinen, aber lassen Sie sich davon nicht abschrecken. Seien Sie einfach offen und freuen Sie sich auf eine kleine Geschmacksexplosion. Denn die werden Sie mit Sicherheit erleben!

Bei der Zusammenstellung der Rezepte für die „Cocina Sabina" war es mir sehr wichtig, dass die Gerichte landestypisch bleiben, aber natürlich auch den europäischen Geschmack treffen. Bei außergewöhnlichen Zutaten habe ich genau beschrieben, wie sie zubereitet werden und am Ende des Buchs gibt es ein Glossar, in dem Sie kleine Erklärungen sowie Einkaufstipps finden.

Ich wünsche Ihnen viel Vergnügen beim Nachkochen, Genießen und „Bom Apetite"!

Ihre
Sabine Hueck

Petiscos: Tapas aus aller Welt

Was neudeutsch Fingerfood heißt und erst seit einigen Jahren Partys und kleine Feiern hierzulande dominiert, hat in Südeuropa und auch in Lateinamerika eine lange Tradition. Ähnlich wie die mittlerweile weltbekannten Tapas (wörtlich: Deckel) aus Spanien bieten auch Portugal und Brasilien unter dem Namen Petisco ihre kleinen Gerichte an. Falls Sie mal in Barcelona, Lissabon oder aber auch in Rio sind und sich einen entspannten Tag machen, dann verzichten Sie besser auf das konventionelle Mittagessen im Restaurant. Denn alle paar Meter werden Ihnen die kleinen Köstlichkeiten angeboten, von knusprigen Teigtaschen über gebratenen Fisch und Spieße bis zu den wunderbaren Lammhackbällchen. Einmal angefangen zu essen, können Sie garantiert nicht mehr aufhören.

Das Schöne an diesen Variationen ist, dass jedes Gericht in eine Tapa verwandelt werden kann. Es wird einfach in einem kleinen Glas oder auf einem kleinen Teller mundgerecht serviert, mit einem kleinen Spieß versehen und fertig ist die Tapa!

Die Zubereitung dieser drei Happen ist wirklich ein Kinderspiel. Auch das Anrichten ist ganz unkompliziert. Sie sollten nur darauf achten, dass Sie das Fingerfood gleichmäßig geometrisch auf die Platten setzen. Dann sieht es einfach umwerfend aus! Und wenn Sie es besonders eilig haben, können Sie sich die Arbeit noch zusätzlich erleichtern: Verwenden Sie eine gute gekaufte Tapenade, Ihr Lieblings-Pesto aus dem Glas oder feinen Ziegenfrischkäse. Füllen Sie die Gurken mit Thunfisch aus der Dose, den Sie mit Chili, Koriander und Limettensaft verfeinert haben. Lassen Sie Ihrer Fantasie einfach freien Lauf!

EAST MEETS WEST

GURKENCANAPÉES MIT LAAB-GAI-HÄHNCHEN

Für ca. 20–25 Stück

⅓ Laab-Gai-Rezept (s. Seite 111)
½ Bund Schnittlauch,
in Röllchen
5 kleine Salatgurken,
z. B. Nostrano

Das vorbereitete Laab-Gai-Hähnchen mit einem Pürierstab nicht zu fein pürieren. Die Schnittlauchröllchen untermischen. Die Gurken putzen, waschen, beide Enden entfernen und in 1,5 bis 2 cm dicke Scheiben schneiden. Die Gurkenscheiben etwas aushöhlen, jedoch nicht ganz bis zum Boden, und mit der Laab-Gai-Masse füllen.

GEFÜLLTE TAPENADE-TOMATEN

Für ca. 20–25 Stück

Tapenade
100 g entsteinte schwarze Oliven
2 Sardellenfilets
1 TL Kapern
½ geschälte Knoblauchzehe
1 EL Thymianblättchen
5 EL Olivenöl
1 TL Zitronensaft
2 EL gemahlene Mandeln
feines Meersalz
Pfeffer aus der Mühle

Tomaten
250 g Kirschtomaten mit Grün
Tapenade (siehe oben)

Für die Tapenade alle Zutaten fein hacken, kurz pürieren oder im Mörser zu einer Masse zerkleinern. Mit Salz und Pfeffer abschmecken.

Tomaten waschen und den Boden leicht abschneiden, sodass die Tomaten stehen. Den Blütenansatz mit dem Grün als Deckel abschneiden.

Die Tomaten dann mit einem kleinen Löffel vorsichtig aushöhlen und mit der Tapenade füllen. Mit dem Deckel garnieren.

LACHSTATAR IN GURKENMANTEL

Für ca. 20–25 Stück

125 g frisches Lachsfilet ohne Haut
60 g Räucherlachs
3–4 Cornichons
½ EL Kapern
2 Stängel glatte Petersilie
1 Schalotte
2 TL Olivenöl
feines Meersalz
Pfeffer aus der Mühle
Tabasco
1 Salatgurke
2 TL schwarzer Sesam

Lachsfilet waschen, trocken tupfen und zusammen mit dem geräucherten Lachs klein hacken. Cornichons und Kapern abtropfen lassen und fein hacken. Petersilie waschen, trocken schütteln und mit den Stängeln fein hacken. Die Schalotte schälen und in feine Würfel schneiden. Alles vermengen, Olivenöl zufügen und mit Salz, Pfeffer sowie einigen Tropfen Tabasco abschmecken.

Die Gurke waschen, schälen und längs mit einem Sparschäler 20–25 dünne Scheiben bis zum Kerngehäuse abschneiden. Die Gurke währenddessen drehen, sodass sie gleichmäßig geschält wird. Auf jede Scheibe etwas vom Lachstatar geben, aufrollen und mit Sesam bestreut anrichten.

Dies ist mein absolutes Highlight für Picknicks oder Partys. Jede Menge Sushi auf einmal, schnell gemacht und das Beste: Sie können es am Vortag zubereiten, da kein roher Fisch verwendet wird.

Sushiwürfel mit Wasabi-Dip

Für ca. 50 Stück

Sushi
500 g ungekochter Sushireis*
6 EL Reisessig*
2 TL Zucker
½ TL feines Meersalz
500 g Räucherlachs in Scheiben
1 Glas (190 g) Sushi-Ingwer*
(Gari*)
1 Kästchen Kresse
schwarzer Sesam oder
Shichimi tōgarashi*

Wasabi-Dip
250 g sehr gute Mayonnaise
3 EL Wasabipaste*

außerdem
Sojasauce, nach Belieben

Sushireis nach Packungsanweisung zubereiten. Ein tiefes Backblech mit einer Backmatte oder Frischhaltefolie auslegen.

Reisessig, Zucker und Salz verrühren, sodass sich der Zucker auflöst. Zum Sushireis geben und alles vorsichtig mit einem Holzspatel vermengen.

Den Reis ca. 2,5 cm dick gleichmäßig auf dem Backblech zu einem Quadrat (25 × 25 cm) verteilen und am besten mit den Händen gut andrücken. Mit den Lachsscheiben bedecken, ebenfalls andrücken und bis zum Servieren zugedeckt ruhen lassen.

Vor dem Servieren in gleich große Würfel schneiden, jeden Würfel mit etwas abgetropftem Sushi-Ingwer belegen, diesen mit einem Zahnstocher feststecken und die Würfel mit ein wenig abgeschnittener Kresse, Sesam oder Shichimi tōgarashi bestreuen.

Für den Wasabi-Dip Mayonnaise mit Wasabipaste zu einer glatten Creme verrühren. Bei Bedarf mit etwas Wasser verdünnen.

Die Sushiwürfel zusammen mit dem Wasabi-Dip und nach Belieben Sojasauce servieren.

Tipp – Sushireis ist eine klebrige Angelegenheit. Füllen Sie eine Schüssel jeweils zur Hälfte mit Wasser und Essig und tauchen Sie Ihre Hände oder das Messer immer mal wieder hinein, damit der Reis nicht kleben bleibt.

FISCH-ZIMT-SPIESSE AUF TOMATENRAGOUT

Für 16 Spieße

Tomatenragout
3 Zweige Thymian
5 große Tomaten
2 EL Olivenöl
1 kleine zerdrückte
Knoblauchzehe
1 EL Zucker
feines Meersalz
Pfeffer aus der Mühle

Fisch-Zimt-Spieße
1 kleine Schalotte
½ Knoblauchzehe
250 g weißes Fischfilet,
z.B. Kabeljau, Seelachs,
Pangasius, Rotbarsch
2 Zweige Rosmarin
2 Zweige Thymian
3 gestrichene EL Maismehl
4 EL Olivenöl
feines Meersalz
Pfeffer aus der Mühle
½ TL Cayennepfeffer
16 Zimtstangen

Für das Ragout Thymian waschen, trocken schütteln, Blättchen abzupfen und fein hacken. Die Tomaten waschen, Blütenansatz entfernen, entkernen und in kleine Würfel schneiden.

In einer Pfanne das Öl erhitzen und die Tomatenwürfel zusammen mit dem Knoblauch sowie Thymian andünsten. Zucker unterrühren, mit Salz und Pfeffer würzen. Das Ragout bei mittlerer Hitze ca. 10 Minuten andünsten. Nochmals abschmecken, abkühlen lassen und kalt stellen.

Für die Fisch-Spieße die Schalotte schälen und in Würfel schneiden. Knoblauch schälen und hacken. Den Fisch eventuell entgräten, waschen, trocken tupfen und in kleine Würfel schneiden.

Rosmarin und Thymian waschen, trocken schütteln, Nadeln bzw. Blätter abzupfen und fein hacken.

Schalotte, Knoblauch, Kräuter, Maismehl und 1 EL Olivenöl in einer Küchenmaschine fein hacken oder mit einem Pürierstab zerkleinern. Dann den Fisch zufügen und auf niedriger Stufe nur ganz kurz durchmixen. Mit Salz und den beiden Pfeffern würzen.

Die Masse in 16 Portionen teilen und damit jeweils das obere Drittel der Zimtstangen umhüllen. In einer beschichteten Pfanne das restliche Olivenöl erhitzen und die Spieße darin portionsweise von allen Seiten braten.

Die Fisch-Zimt-Spieße zusammen mit dem Tomatenragout und frischem Brot servieren.

Variante – Als Alternative zu den Zimtstangen können Sie auch Rosmarinzweige oder dicke Holzspieße verwenden.

GARNELEN-BULETTEN MIT MANGO-CHILI-SAUCE

Für ca. 12 Stück

Mango-Chili-Sauce
½ nicht zu reife Mango
1 Schalotte
½ rote Paprikaschote
1 rote Chilischote
1 Stängel Koriander, möglichst
mit Wurzel*
3 Stängel glatte Petersilie
4 EL Limettensaft
4 EL Olivenöl
feines Meersalz
Pfeffer aus der Mühle
1 TL brauner Zucker

Garnelen-Buletten
500 g tiefgefrorene, küchenfertige Garnelen
2 Stängel Koriander, möglichst
mit Wurzel*
1 kleine Möhre
2 Frühlingszwiebeln
½ Knoblauchzehe
1 EL Limettensaft
½ TL Zucker
½ TL feines Meersalz
Pfeffer aus der Mühle
30 g Paniermehl
3 EL Olivenöl

Für die Sauce die Mango schälen, das Fruchtfleisch vom Kern schneiden und klein würfeln. Die Schalotte schälen und ebenfalls in kleine Würfel schneiden. Paprika und Chili waschen, Kerne entfernen und klein würfeln. Koriander und Petersilie waschen, trocken schütteln und mit den Stängeln sowie der Wurzel klein hacken. Alles mit Limettensaft und Olivenöl vermengen und mit Salz, Pfeffer sowie Zucker abschmecken. Vor dem Servieren mindestens 10 Minuten ziehen lassen.

Für die Buletten die Garnelen auftauen, dann waschen und trocken tupfen. Koriander waschen, trocken schütteln und mit den Stängeln sowie der Wurzel klein schneiden. Möhre putzen, schälen und in Scheiben schneiden. Frühlingszwiebeln putzen, waschen und in Ringe schneiden. Knoblauch schälen und klein schneiden.

Alles bis auf die Garnelen in einen Mixer geben, Limettensaft, Zucker, Salz und Pfeffer zufügen und klein hacken. Die Garnelen zugeben und so zerhacken, dass alles klein, aber nicht breiförmig ist. Das Paniermehl untermengen und 12 kleine Buletten formen. In einer Pfanne das Öl erhitzen und die Buletten darin von beiden Seiten braten. Zusammen mit der Mango-Chili-Sauce servieren.

Variante – Der Berliner Klassiker mal mit Fisch. Wem diese Kombination zu exotisch sein sollte, ersetzt die Garnelen durch Hackfleisch.

Um gleich große Bällchen zu bekommen, verwende ich hier gerne einen kleinen Eisportionierer.

LAMMHACKBÄLLCHEN

Für ca. 20 Stück

evtl. Butter zum Einfetten
1 Knoblauchzehe
1 cm Ingwer
500 g Lammhackfleisch
50 g Paniermehl
1 Ei
3 EL Olivenöl
1 TL Kreuzkümmel
1 TL Zimt
½ TL Cayennepfeffer
1 EL Zitronensaft
feines Meersalz
Pfeffer aus der Mühle

Den Backofen auf 200 °C Ober- und Unterhitze vorheizen. Ein Backblech mit Backpapier belegen oder etwas einfetten.

Knoblauch und Ingwer schälen und fein hacken. Mit dem Lammhackfleisch, Paniermehl, Ei, Olivenöl, Kreuzkümmel, Zimt, Cayennepfeffer und Zitronensaft vermengen. Dann mit Salz und Pfeffer würzen und zu walnussgroßen Bällchen formen.

Die Bällchen nebeneinander auf das Backblech legen und im Backofen ca. 10 Minuten backen.

Tipp – Die Bällchen können warm oder kalt mit der Salsa Criolla (s. Seite 20) serviert werden.

KNUSPRIGE GARNELENBEUTEL

MIT GRÜNER MINZ-SALSA

Für 40 Stück

Grüne Minz-Salsa
2 Frühlingszwiebeln
2 mittlere Schalotten
½ Knoblauchzehe
2 kleine grüne Chilischoten
3 Stängel Minze
7 Stängel glatte Petersilie
5 EL Limettensaft
8 EL Olivenöl
feines Meersalz
Pfeffer aus der Mühle
1 TL Zucker

Garnelenbeutel
40 Blätter tiefgefrorener Frühlingsrollenteig* (12,5 × 12,5 cm)
500 g tiefgefrorene, küchenfertige Garnelen
3 Frühlingszwiebeln
1 kleine Stange Staudensellerie
2 Stängel Koriander mit Wurzel*
1 cm Ingwer
½ TL Limettensaft
feines Meersalz
Pfeffer aus der Mühle
1–2 Eiweiß
Öl zum Frittieren

Für die Salsa die Frühlingszwiebeln putzen, waschen und in Ringe schneiden. Schalotten und Knoblauch schälen und klein schneiden. Chilis waschen, Kerne entfernen und klein schneiden. Minze und Petersilie waschen, trocken schütteln, Blätter abzupfen und grob hacken. Alles mit Limettensaft sowie Olivenöl verrühren und mit einem Pürierstab zu einer glatten Creme zerkleinern. Mit Salz, Pfeffer und Zucker abschmecken. Bei Bedarf mit etwas Wasser verdünnen. Für die Garnelenbeutel die Teigblätter mit einem sauberen Küchenhandtuch bedeckt auftauen lassen. Die Garnelen ebenfalls auftauen lassen, dann waschen, trocken tupfen und mit einem scharfen Messer klein hacken.

Frühlingszwiebeln und Sellerie putzen, waschen und in feine Ringe schneiden. Koriander waschen, trocken schütteln und vollständig klein hacken. Ingwer schälen und fein hacken. Alles mit den Garnelen vermengen, Limettensaft zufügen und mit ein wenig Salz und Pfeffer würzen.

Die Teigblätter portionsweise nebeneinander auslegen, die anderen zugedeckt lassen, da die Blätter schnell austrocknen. Jeweils 1 Esslöffel Garnelenmasse in die Mitte der Blätter geben, die Ränder mit Eiweiß bestreichen und dann zu einem Beutel zusammendrücken. Ausreichend Öl erhitzen, die fertigen Garnelenbeutel portionsweise darin frittieren und anschließend auf Küchenpapier abtropfen lassen. Die Garnelenbeutel zusammen mit der Salsa anrichten.

Tipp – Die Salsa lässt sich prima vorbereiten und hält sich mit etwas Öl bedeckt einige Tage im Kühlschrank.

ENTENLEBER-CROSTINI

MIT SCHALOTTEN-MARACUJA-KONFITÜRE

Für 4 Portionen

Konfitüre
1 Schalotte
1 Maracuja
100 g Maracujapüree
3 EL Gelierzucker (2:1)

Crostini
1 kleines Baguette vom Vortag
80 g Entenleberpastete
50 g Crème fraîche
2 EL Portwein

außerdem
1 Kästchen Kresse zum Garnieren

Für die Schalotten-Maracuja-Konfitüre die Schalotte schälen und in feine Würfel schneiden. Maracuja halbieren, das Fruchtfleisch auslösen und mit der Schalotte in einen Topf geben. Maracujapüree und Gelierzucker zugeben und ca. 3 bis 5 Minuten kochen, bis die Masse eingedickt ist.

Den Backofen auf 200 °C Ober- und Unterhitze vorheizen. Für die Crostini das Baguette in dünne Scheiben schneiden, auf ein Backblech legen und im Backofen goldgelb rösten. Den Fett- und Gelatinerand von der Entenleberpastete entfernen. Mit Crème fraîche und Portwein verrühren, dann auf die abgekühlten Crostini streichen.

Anschließend die Crostini mit jeweils ½ Esslöffel Schalotten-Maracuja-Konfitüre bestreichen, mit Kresse garnieren und servieren.

Variante – Alternativ schmecken die Crostini auch hervorragend mit Kalbsleberwurst oder Ziegenfrischkäse.

Tipp – Maracujapüree ist in Deutschland nicht überall zu finden. Ersatzweise können Sie 100 ml Maracujasaft mit 100 g Maracuja- konfitüre vermengen. Den Gelierzucker benötigen Sie dann nicht.

Asiaküche trifft Peru

Was kommt dabei raus, wenn Japan, China und Peru aufeinander treffen? Raffinierte Rezepte, die die typische Gastronomie der Anden mit der leichten Asiaküche vereinen. Diese fantastische Fusion durfte ich täglich genießen, als ich zwei Jahre in Lima lebte.

Der Einfluss der japanischen Nikkei-Küche und der chinesischen Chifa-Küche sind in Peru allgegenwärtig. Der Japaner Nobu Matsuhisa und der Peruaner Gastón Acurio machten diese raffinierten Fusionküchen weltweit berühmt. Ihre erstklassigen Restaurants sind mittlerweile in vielen Weltmetropolen zu finden.

In diesem Kapitel möchte ich Ihnen einen kleinen Einblick geben, was zurzeit die Genießer in New York, Santiago de Chile oder auch in Dubai begeistert. Mein persönlicher Favorit sind die Anticuchos, die ich in allen erdenklichen Variationen – mit Gemüse, mit Fleisch oder Fisch – gerne zu Grillpartys mitnehme. Sie kommen so gut an, dass ich froh bin, wenn ich auch noch einen Spieß erwische! Ebenfalls nicht fehlen darf meine Interpretation des peruanischen Nationalgerichts Ceviche und das angesagte peruanische Sashimi „Tiradito".

Ceviche (peruanisches Fischtatar) ist heute in der ganzen Welt beliebt und verbreitet. Das traditionelle peruanische Ceviche wird ohne Olivenöl zubereitet, da Olivenöl in Peru eine Delikatesse ist. In anderen Ländern wird es jedoch meist verwendet, mir schmeckt Ceviche auch besser mit ein wenig Olivenöl.

Ceviche in Gläsern

Für 4 Portionen

1 Knoblauchzehe
1 rote Chilischote
1 rote Zwiebel
7 EL Limettensaft
250 g frisches, festes
Fischfilet, z. B. Wolfsbarsch,
Seezunge, Seehecht,
Zander, Dorade
1 Süßkartoffel
feines Meersalz
1 Stange Staudensellerie
1 Tomate
1–2 Stängel Koriander mit
Wurzel*
4 EL Olivenöl
Pfeffer aus der Mühle
4 Salatblätter, z. B. Eichblatt-
salat oder Romanasalat

Für die Marinade Knoblauch schälen und fein reiben. Chilischote waschen und in feine Ringe schneiden. Zwiebel schälen und in feine Streifen schneiden. Alles mit dem Limettensaft vermengen.

Das Fischfilet gegebenenfalls entgräten, waschen, trocken tupfen und in dünne Streifen schneiden. Mit der Marinade vermengen und mindestens 1 Stunde abgedeckt im Kühlschrank durchziehen lassen. Danach die Marinade (die sogenannte Tigermilch) abgießen.

Süßkartoffel schälen, waschen und in Salzwasser garen. Etwas aus-kühlen lassen und fein würfeln. Sellerie putzen, waschen und in dünne Scheiben schneiden. Tomate waschen, Blütenansatz sowie Kerne entfernen und in feine Streifen schneiden. Koriander waschen, trocken schütteln und mit den Stängeln sowie der Wurzel fein hacken.

Den Fisch mit Sellerie, Tomaten, Koriander und Olivenöl vermengen und mit Salz und Pfeffer abschmecken.

Salatblätter waschen und trocken tupfen. Kleine Gläser damit aus-legen und erst die Süßkartoffelwürfel dann das Ceviche darauf verteilen.

Variante – Statt Süßkartoffel eignet sich auch Mais sehr gut. Wer möchte, bestreut das Ceviche vor dem Servieren noch mit etwas Shichimi tōgarashi*.

Info – Der Fischsud, genannt „Leche de Tigre", ist in Peru sehr verbreitet und wird aus Gläsern getrunken. Er ist sehr gut gegen Kater und bei Männern als Aphrodisiakum beliebt.

Hier ein peruanisches Sashimi, die moderne japanische
Variante von Ceviche.

TIRADITO

PERUANISCHES SASHIMI

Für 4 Portionen

1–2 rote Chilischoten
1 Knoblauchzehe
1 cm Ingwer
Saft von 1 Limette
6 EL kalter Fischfond oder
Gemüsebrühe
2 EL gehackter Koriander
6 EL Olivenöl
feines Meersalz
Pfeffer aus der Mühle
300 g frisches weißes
Fischfilet ohne Haut,
z. B. Seezunge, Seeteufel,
Seebarsch oder Zacken-
barsch

außerdem
nach Belieben als Beilage:
4 Radieschen, in dünnen
Scheiben
⅓ Salatgurke, in dünnen
Scheiben
2 EL gegarte Maiskörner
Shichimi tōgarashi* zum
Garnieren

Für die Marinade Chilis waschen, Kerne entfernen und klein schneiden. Knoblauch und Ingwer schälen und ebenfalls klein schneiden.
Alles mit Limettensaft, Fond bzw. Brühe, Koriander und Olivenöl in
einem Mixer pürieren. Mit Salz und Pfeffer abschmecken.

Die Fischfilets gegebenenfalls entgräten, waschen, trocken tupfen
und wie Sashimi in ca. 5 mm breite und 5 mm hohe Streifen schneiden. Leicht salzen, auf Tellern anrichten, mit der Marinade begie-
ßen und nach Belieben mit den Beilagen und mit Shichimi tōgarashi
bestreuen.

Dazu schmecken – etwas untypisch, aber lecker – knusprig geröstete Baguettescheiben.

Variante – Das Rezept können Sie gerne noch mit gegartem Tintenfisch ergänzen.

Gebackene Wantan mit Salsa Criolla

Für 40 Stück

Salsa Criolla
1 große rote Zwiebel
2 Tomaten
½ Knoblauchzehe
1 rote Chilischote
2 Stängel Koriander
feines Meersalz
Pfeffer aus der Mühle
1 TL Zucker
Saft von 2 Limetten
2 EL Olivenöl

Wantan
40 tiefgefrorene
Wantan-Blätter*

Füllung
1 cm Ingwer
2 Stangen Staudensellerie
3 Frühlingszwiebeln
3 Stängel Koriander
mit Wurzel*
500 g mageres Rinder-
hackfleisch
½ TL Limettensaft
feines Meersalz
Pfeffer aus der Mühle

außerdem
1 Eiweiß
Öl zum Frittieren

Für die Salsa Zwiebel schälen und fein hacken. Die Tomaten waschen, den Blütenansatz sowie die Kerne entfernen und in kleine Würfel schneiden. Knoblauch schälen und fein hacken. Chili waschen und in feine Ringe schneiden. Koriander waschen, trocken schütteln und mit den Stängeln fein hacken. Alles vermengen und mit Salz, Pfeffer, Zucker, Limettensaft sowie Olivenöl abschmecken und die Salsa bei Bedarf mit etwas Wasser verdünnen.

Die Wantan-Blätter nebeneinander auslegen und mit einem sauberen Küchentuch bedeckt auftauen lassen, damit sie nicht austrocknen.

Für die Füllung Ingwer schälen und fein reiben. Sellerie putzen, waschen und fein hacken. Von den Frühlingszwiebeln nur das Weiße verwenden und in feine Ringe schneiden. Koriander waschen, trocken schütteln und Stängel sowie Wurzeln fein hacken. Alles mit dem Hackfleisch vermengen und mit Limettensaft sowie sehr wenig Salz und Pfeffer würzen.

Jeweils 1 Esslöffel der Masse in die Mitte der Wantan-Blätter geben, die Ränder mit Eiweiß bestreichen und die Wantan-Blätter zu einem Dreieck zusammenfalten. Die Ränder gut andrücken.

Öl in einem Topf erhitzen und die Wantan portionsweise goldbraun darin frittieren. Anschließend auf Küchenpapier abtropfen lassen. Die noch heißen Wantans zusammen mit der Salsa Criolla servieren.

Variante – Statt der Salsa Criolla können Sie die Wantan auch mit einer gekauften süß-sauren Sauce anrichten, die mit gehackter Chilischote und gehacktem Koriander verfeinert ist. Für die Füllung eignen sich auch Garnelen, Lamm- oder Schweinehackfleisch.

Variante – Quinoa ist im Bio-Supermarkt sowie im Reformhaus erhältlich.
Als Alternative eignen sich auch Hirse, Bulgur oder Couscous.

PAPAS A LA HUANCAÍNA

KARTOFFELN MIT KÄSECREME

Für 4 Portionen

Kartoffeln
1 kg festkochende Kartoffeln,
z. B. La Ratte
feines Meersalz

Sauce
1 gelbe Paprikaschote
1 kleine Zwiebel
1 Knoblauchzehe
250 g Feta
2 EL Aji Amarillopaste*
(ersatzweise 1 kleingehackte
rote Chilischote)
Saft von 1 Limette
100 ml Milch
80 ml Olivenöl
Paniermehl, bei Bedarf
feines Meersalz
Pfeffer aus der Mühle

außerdem
1 kleiner Romanasalat
4 hartgekochte Eier
8 entsteinte schwarze Oliven

Kartoffeln waschen, in Salzwasser gar kochen, pellen und in dicke Scheiben schneiden.

Für die Sauce Paprika waschen, Kerne entfernen und grob hacken. Zwiebel und Knoblauch schälen und ebenfalls grob hacken. Feta in Würfel schneiden. Alles mit Aji Amarillopaste, Limettensaft, Milch und Öl vermengen und im Mixer oder mit einem Pürierstab pürieren, bis die Masse cremig ist. Falls die Sauce zu dünnflüssig sein sollte, mit Paniermehl zur gewünschten Konsistenz andicken. Mit Salz und Pfeffer abschmecken.

Salat putzen, waschen und trocken schleudern. Die Blätter dekorativ auf Tellern anrichten, mit den Kartoffeln belegen und die Sauce darüber verteilen. Die Eier pellen, halbieren und zusammen mit den Oliven darauf garnieren.

Tipp – Die Sauce passt z. B. auch zu gegrillten Gemüse-Anticuchos, zu grünem Salat oder ganz einfach zu Pasta.

Der Quinoa-Salat ist einer meiner Lieblingssalate. Variieren Sie ein wenig mit der Chilimenge, ich esse es gern schärfer, aber das Rezept ist an den empfindlicheren europäischen Gaumen angepasst.

QUINOA-SALAT

MIT AVOCADO UND MANGO

Für 4 Portionen

Salat
100 g Quinoa*
½ Fenchelknolle
1 rote Zwiebel
1 kleine Mango
1 kleine Avocado
3 Stängel Minze
1 Stängel Koriander
feines Meersalz
Pfeffer aus der Mühle

Vinaigrette
½ rote Chilischote
½ Knoblauchzehe
5 EL Limettensaft
5 EL Olivenöl

Quinoa in der dreifachen Menge Wasser bei mittlerer Hitze ca. 15–20 Minuten köcheln lassen. Das überschüssige Wasser abgießen und das Quinoa abkühlen lassen.

Fenchel putzen, waschen, den Strunk entfernen und in dünne Streifen schneiden. Zwiebel schälen und ebenfalls in dünne Streifen schneiden. Mango schälen, das Fruchtfleisch vom Kern und dann in Würfel schneiden. Avocado halbieren, den Stein entfernen, schälen und ebenfalls würfeln. Die Kräuter waschen, trocken schütteln, Minzblätter abzupfen und zusammen mit dem ganzen Koriander fein hacken.

Für die Vinaigrette Chilischote waschen, Kerne entfernen und fein würfeln. Knoblauch schälen und fein reiben oder hacken. Beides mit Limettensaft vermengen, anschließend das Olivenöl unterrühren. Fenchel, Zwiebel und Mango unterheben.
Zum Schluss vorsichtig Avocadowürfel, Quinoa und Kräuter unter die Vinaigrette heben, dann alles mit Salz und Pfeffer abschmecken. Dieser Salat schmeckt sehr gut zu Gegrilltem oder Kurzgebratenem.

Eine herrliche Variante der modernen Nikkei-Küche. Dieses Gericht mit Lachs aß ich in Chile, wo die neue peruanische Küche sehr verbreitet und beliebt ist.

LACHS IN SCHWARZEM SESAM-PFEFFER-MANTEL

MIT ORANGEN-SAUCE

Für 4 Portionen

Orangen-Sauce
2 cm Ingwer
½ Knoblauchzehe
4 EL Mirin*
8 EL Shoyu*
1 EL Aji Amarillopaste*
(ersatzweise 1 TL scharfes Paprikapulver)
Saft und Schale von
½ unbehandelten Orange
4 EL Olivenöl
feines Meersalz
Pfeffer aus der Mühle

Lachs
5 EL schwarzer Sesam
2 EL ganze Pfefferkörner
500 g Lachsfilet
feines Meersalz
3 EL Pflanzenöl

Avocado-Mais-Salat
2 Maiskolben oder 150 g Maiskörner (aus der Dose)
1 große Tomate
1 rote Zwiebel
1 Orange
1 mittelreife Avocado
3 EL Limettensaft
feines Meersalz
Pfeffer aus der Mühle
1 EL gehackter Koriander
5 EL Olivenöl

Für die Orangen-Sauce Ingwer und Knoblauch schälen und fein hacken oder reiben. Alles mit Mirin, Shoyu, Aji Amarillopaste und Orangensaft sowie -schale vermengen. Zum Schluss das Olivenöl mit einem Schneebesen unterrühren. Nach Bedarf mit Salz und Pfeffer abschmecken.

Für den Lachs den Sesam mit den Pfefferkörnern in einem Mörser gut zerstampfen, dann in einen tiefen Teller geben. Das Lachsfilet waschen, trocken tupfen und in 4 gleich große Stücke schneiden. Ein wenig salzen und dann in der Sesam-Pfeffer-Mischung wenden, sodass der Fisch von allen Seiten mit der Sesam-Pfeffer-Panade bedeckt ist.

In einer Pfanne Öl erhitzen und den Lachs von beiden Seiten bei mittlerer Hitze jeweils ½ Minute anbraten, sodass er in der Mitte noch roh und saftig ist.

Für den Avocado-Mais-Salat die Maiskolben kochen und dann die Körner auslösen. Die Tomate kreuzförmig einschneiden, mit kochendem Wasser überbrühen, Schale, Kerne sowie den Blütenansatz entfernen und das Fruchtfleisch in Streifen schneiden. Zwiebel schälen und in feine Streifen schneiden.

Orange gut schälen, sodass die weiße Haut vollständig entfernt ist und in Scheiben schneiden.

Avocado halbieren, den Stein entfernen, schälen und fein würfeln. Alles vorsichtig vermengen. Limettensaft zunächst mit Salz, Pfeffer und Koriander, anschließend mit Olivenöl verrühren. Die Vinaigrette über den Salat geben und vorsichtig vermengen.

Den Lachs zusammen mit dem Salat auf Tellern anrichten.

Variante – Für vegetarische Anticuchos nehme ich gern Champignons, kleine Tomaten, Zucchini oder Palmherzen. Die Marinade reicht für ca. 800 g Gemüse. Sie schmecken am besten mit der Sauce a la huancaína (s. Seite 23).

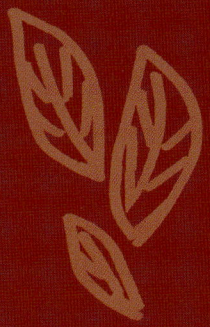

Anticuchos sind peruanische Yakitoris oder gegrillte Spieße. Ganz klassisch wurden früher Rinder- oder Kalbsherzen aufgespießt, gegrillt und am Straßenrand verkauft. Heute gibt es Anticuchos in verschiedenen Variationen, sowohl mit Fleisch als auch mit Fisch oder Gemüse. Sie sind ein ideales Mitbringsel, z. B. für eine Grillparty.

Anticuchos

MARINIERTE SPIESSE AUF PERUANISCHE ART

Für 8 Spieße

1 Knoblauchzehe
1 EL Aji-Panca-Chilipaste*
(ersatzweise ½ EL scharfes
Paprikapulver)
1 TL Kreuzkümmelsamen,
frisch gemörsert
½ TL Oregano
1 TL feines Meersalz
Pfeffer aus der Mühle
1 Prise Zucker
4 EL Weißweinessig
5 EL Olivenöl
600 g Hähnchenbrustfilets

außerdem
8 Holzspieße

Für die Marinade den Knoblauch schälen, sehr fein hacken oder reiben. Mit Chilipaste, Kreuzkümmel, Oregano, Salz, Pfeffer, Zucker, Weißweinessig und Olivenöl verrühren.

Hähnchenfleisch waschen, trocken tupfen und in ca. 2 cm große Würfel schneiden. Mit der Marinade vermengen und abgedeckt im Kühlschrank mindestens 2 Stunden, am besten jedoch über Nacht, durchziehen lassen. Zwischendurch wenden, damit sich die Marinade gleichmäßig verteilt.

Die Fleischstücke aus der Marinade nehmen, etwas abtropfen lassen und auf Holzspieße stecken. Die Spieße auf dem heißen Grill, im Backofen oder in einer Grillpfanne von allen Seiten braten, bis sie gar sind.

Nach Belieben mit Salsa Criolla (s. Seite 20) servieren.

Tipp – Legen Sie die Holzspieße vor dem Fleischaufspießen ca. 15 Minuten in Wasser. Sie verbrennen dann nicht so schnell und das Fleisch lässt sich leichter vom Spieß lösen.

Lomo saltado ist ein populäres peruanisches Nationalgericht, das traditionell mit Pommes serviert wird. Dieses Rezept habe ich mit japanischen Einflüssen verfeinert.

LOMO SALTADO

RINDFLEISCH MIT SHIITAKEPILZEN UND BRATKARTOFFELN

Für 4 Portionen

5 cm Ingwer
2 Knoblauchzehen
1 rote Chilischote
3 EL Weißweinessig
1 TL Kreuzkümmel
800 g Rindfleisch, z. B. Hüfte oder Rumpsteak
12 getrocknete Shiitakepilze*
3 festkochende Kartoffeln
feines Meersalz
4 Tomaten
1 Zwiebel
5 EL Sonnenblumenöl
5 EL Mirin*
3 EL Sojasauce
Pfeffer aus der Mühle
1 TL Zucker
2 EL gehackter Koriander

Für die Marinade Ingwer und Knoblauch schälen. Den Ingwer in feine Streifen schneiden und den Knoblauch fein hacken. Chili waschen, Kerne entfernen und ebenfalls fein hacken. Mit Essig und Kreuzkümmel vermengen.

Das Rindfleisch waschen, trocken tupfen und in dünne Streifen schneiden. Mit der Marinade bedecken und ca. 20 Minuten durchziehen lassen.

Die Shiitakepilze ca. 20 Minuten in warmem Wasser einweichen. Dann trocken tupfen, den harten Strunk entfernen und die Pilze in Streifen schneiden.

Kartoffeln schälen, waschen und in Salzwasser gar kochen. Abkühlen lassen und in dicke Stifte schneiden. Tomaten waschen, Blütenansatz und Kerne entfernen und in Streifen schneiden. Zwiebel schälen und ebenfalls in Streifen schneiden.

In einer hohen Pfanne oder einem Wok 3 EL Öl erhitzen und die Kartoffeln darin von allen Seiten goldgelb braten, salzen und beiseitelegen. Das restliche Öl erhitzen, Shiitakepilze und Zwiebel zugeben und kurz anschwitzen. Mit Mirin und Sojasauce ablöschen und ca. 5 Minuten köcheln, bis die Pilze weich sind.

Das Fleisch zusammen mit der Marinade zugeben und ca. 5 Minuten braten. Mit Salz, Pfeffer und Zucker abschmecken. Wenn das Fleisch gar ist, die Kartoffelstifte sowie Tomaten zugeben. Nochmals abschmecken und den Koriander kurz vor dem Servieren unterheben.

Variante – Statt des Korianders schmeckt auch glatte Petersilie sehr gut dazu.

Deutsche in den Tropen

Spricht Brasilien Deutsch? Ja, zumindest in einigen Dörfern und Städten im Süden des Landes. Mit den Deutschen wanderten Ende des 19. Jahrhunderts auch die beliebtesten deutschen Gerichte nach Brasilien ein.

Ein altes deutsches Kochbuch gehörte in meiner Kindheit zu meinen Lieblingsbüchern. Ich blätterte immer wieder begeistert darin. Doch wenn es an die Umsetzung ging, scheiterte ich oft an fehlenden Zutaten. In Brasilien war einfach kein Marzipan zu finden und wie einen Rhabarberkuchen backen, wenn in Brasilien kein Rhabarber angebaut wird?

Not macht aber erfinderisch – auch in der Küche. So haben die Deutschen in den Tropen vieles durch einheimische Produkte ersetzt und auf diese Weise sind Gerichte wie Maniok-Rösti mit hausgeräuchertem Lachs oder Süßkartoffeln mit Grüner Sauce und Wachteleiern entstanden.

Kreationen dieser Art gibt es in ganz Brasilien, und sie sind nicht nur bei den deutschstämmigen Familien äußerst angesagt. Ganze Heerscharen pilgern zum zweitgrößten Fest Brasiliens, dem Oktoberfest von Blumenau, und genießen die deutschen Köstlichkeiten im brasilianischen Gewand.

Als die ersten deutschen Migranten vor über 100 Jahren nach Brasilien kamen, fanden sie weder Weizen- noch Roggenmehl vor, um ihr tägliches Brot zu backen. Sie mussten auf Mais-mehl zurückgreifen: Und schon war das Milhebrot erfunden. Die Namensgebung lässt erken-nen, wie man sich den örtlichen Gegebenheiten angepasst hat: Mais heißt auf Portugiesisch milho und damit es deutsch klang, wurde das 'o' durch das 'e' ersetzt – also Milhebrot, eine unter vielen anderen deutsch-brasilianischen Wortschöpfungen. In meinem eigenen Rezept versuche ich Tradition und Moderne zusammenzufügen, indem ich das Originalrezept aus Südbrasilien mit Gewürzen verfeinere.

MILHEBROT

Für 1 Brot

2 TL Koriandersamen
2 TL Fenchelsamen
300 ml lauwarme Milch
80 ml Pflanzenöl
1 EL Zucker
1 EL Meersalz
1 Würfel Hefe (42 g)
200 g gesiebtes Weizenmehl
200 g feines Maismehl
200 g Pellkartoffeln vom Vortag

Die Koriander- und Fenchelsamen mörsern und zusammen mit Milch, Öl, Zucker und Salz in eine Schüssel geben. Alles miteinander vermischen, dann die Hefe dazubröckeln und das Weizen- sowie das Maismehl zufügen. Mit einem Löffel gut verrühren, bis der Teig locker, aber noch klebrig ist. Den Teig dann zugedeckt an einem war-men Ort ca. 1 Stunde gehen lassen, bis er sein Volumen verdoppelt hat.

Den Backofen auf 180 °C Ober- und Unterhitze vorheizen. Eine Kastenform mit Backpapier auskleiden.

Die Kartoffeln schälen, durch eine Kartoffelpresse drücken und unter den Teig kneten. Diesen in die Kastenform füllen und weitere 15 Minuten ruhen lassen. Im Backofen auf einer der unteren Schienen ca. 50 Minuten backen.

Das Brot kurz in der Form stehen lassen, stürzen, wenden und auskühlen lassen.

Das Brot schmeckt sehr gut zu mariniertem Rollmops (s. Seite 38), Entenbrust auf grünem Salat mit Maracujadressing (s. Seite 36) oder wie jedes andere Brot als Beilage.

Eine schöne, vegetarische Vorspeise oder eine wunderbare Beilage für eine Grillparty.
Wachteleier sind in Brasilien übrigens kein Luxus wie hier. Es gibt sie überall, auch eingelegt
als Tapas, wie früher die Soleier in den „Hungertürmen" auf den Tresen in Berliner Kneipen.

OFEN-SÜSSKARTOFFELN

MIT GRÜNER SAUCE UND WACHTELEIERN

Für 4 Portionen

Wachteleier
24 Wachteleier

Ofen-Süßkartoffeln
4 mittelgroße Süßkartoffeln

Grüne Sauce
150 g gemischte Kräuter,
z. B. Schnittlauch, Kresse,
Petersilie, Sauerampfer,
Basilikum
½ grüne Chilischote
2 hartgekochte Eier
1 EL Senf
200 g saure Sahne
2 EL Zitronensaft
feines Meersalz
Pfeffer aus der Mühle

außerdem
4 Stängel glatte Petersilie

Backofen auf 180 °C Ober- und Unterhitze vorheizen.

Die Wachteleier in einen Topf mit kaltem Wasser legen und zum Kochen bringen. Dann sofort zum Abschrecken in eine Schüssel mit eiskaltem Wasser legen, auskühlen lassen und pellen. So bleiben die Eigelbe innen noch etwas weich.

Die Süßkartoffeln waschen, trocken reiben und einzeln in Aluminiumfolie wickeln. Im Backofen, je nach Größe, ca. 35–40 Minuten garen, bis sie weich sind.

Für die Grüne Sauce die Kräuter putzen, waschen und trocken schütteln. Je nach Kraut vorbereiten und grob hacken. Chilischote waschen, Kerne entfernen und fein hacken. Die hartgekochten Eier pellen und ebenfalls hacken. Zusammen mit Senf und saurer Sahne in einen Mixer geben und fein pürieren. Mit Zitronensaft sowie Salz und Pfeffer abschmecken.

Petersilie waschen, trocken schütteln, Blätter abzupfen und fein hacken. In die Mitte der Teller die Grüne Sauce geben, die Süßkartoffeln darauf setzen und mit halbierten Wachteleiern anrichten. Mit der Petersilie bestreut servieren.

Tipp – Die Zubereitung der Süßkartoffeln im Backofen ist ideal. Werden sie in Wasser gekocht, nehmen sie zu viel Flüssigkeit auf.

Auf dem Speiseplan der Pommern in Südbrasilien stehen noch immer Kasseler mit Sauerkraut und Ente mit Rotkohl ganz oben. Und viele Brasilianer fahren gen Süden, um dort diese deutschen Köstlichkeiten zu genießen. Ich habe die Ente in diesem Rezept etwas aufgepeppt und ihr die Schwere genommen, indem ich ihr einen Salat mit einem herrlichen Maracujadressing an die Seite gestellt habe.

Den Begriff „schwitzen" für eingelegtes Gemüse höre ich immer wieder von Deutschen in den Tropen, die manchmal bereits in der dritten Generation dort leben. Da musste ich als Kind immer lachen, als ich das hörte, besonders bei den „geschwitzten Radieschen" mit Schmier und Milhebrot ... Unglaublich lecker ist es aber trotzdem!

ENTENBRUST

AUF GRÜNEM SALAT MIT MARACUJADRESSING

Für 4 Portionen

2 Barbarie-Entenbrüste
(à ca. 300 g)
feines Meersalz
Pfeffer aus der Mühle
400 g gemischter grüner Salat
1 EL Aceto Balsamico
2 EL Schalotten-Maracuja-
Konfitüre (s. Seite 14)
(ersatzweise Aprikosenkonfitüre
verrührt mit Fruchtfleisch
von 2 Maracujas)
3 EL Olivenöl

Den Backofen auf 80 °C Ober- und Unterhitze vorheizen.

Entenbrüste waschen und trocken tupfen. Die Haut kreuzförmig einritzen und von beiden Seiten mit Salz und Pfeffer würzen.

Dann in einer beschichteten Pfanne zuerst von der Hautseite ca. 3 Minuten anbraten, wenden und weitere 2 Minuten braten. Mit der Hautseite nach oben nebeneinander in eine kleine Auflaufform legen und im Backofen in ca. 50 Minuten fertig garen. Vor dem Aufschneiden ca. 5 Minuten zugedeckt ruhen lassen.

Den Salat putzen, waschen, trocken schleudern und in mundgerechte Stücke zupfen. Für das Dressing den Balsamico mit Konfitüre verrühren. Mit Salz sowie Pfeffer würzen und dann das Olivenöl unterrühren. Das Dressing mit dem Salat vermengen.

Den Salat mit der aufgeschnittenen Entenbrust anrichten.

Zubereitungstipp – Die „Niedrigtemperatur-Garmethode" ist für eine rosa gebratene Entenbrust sehr geeignet. Falls Sie wenig Zeit haben, können Sie die Entenbrust auch bei 190 °C Ober- und Unterhitze ca. 15 Minuten garen.

Selber räuchern!? Bevor Sie dieses Rezept schnell überblättern, verweilen Sie doch einen Augenblick! Ich bin verrückt nach diesem Gericht und verspreche Ihnen, Sie und Ihre Gäste werden es auch sein.
Es ist ganz unkompliziert und Räuchermehl gibt es in jedem Angelladen, beim Schreiner (natürlich nur von unbehandeltem Holz) oder zur Not: Selbst ist die Frau! In Brasilien bin ich eben mal schnell in die Garage gelaufen und habe die 5 Esslöffel zusammengesägt.

MANIOK-RÖSTI MIT HAUS-GERÄUCHERTEM LACHS

UND TOMATEN-INGWER-KONFITÜRE

Für 4 Portionen

Hausgeräucherter Lachs
1 kg Lachsfilet
grobes Meersalz
5 EL Räuchermehl*, z.B. von der Buche

Maniok-Rösti
1 Packung (450 g) tiefgefrorener, vorgegarter Maniok*
2 EL Mehl
feines Meersalz
Pfeffer aus der Mühle
Muskatnuss
1 Bund Schnittlauch
Butterschmalz zum Ausbacken

Tomaten-Ingwer-Konfitüre
1,5 kg reife Tomaten
1 kg Zucker
1 TL Zitronensaft
1 EL frisch geraspelter Ingwer
3 Nelken
½ entkernte Chilischote

Den Lachs erst häuten, dann waschen, trocken tupfen und in 4 Stücke schneiden. Von beiden Seiten salzen.

Einen gusseisernen Topf oder Wok mit Gitter und Deckel mit Aluminiumfolie auskleiden und den Boden des Topfs mit dem Räuchermehl bedecken. Das Gitter ebenfalls mit Aluminiumfolie bedecken und in den Topf setzen. Zwischen Topfboden und Gitter sollte ein Zwischenraum sein. Kleine Löcher in die Folie des Gitters stechen, damit der Rauch nach oben steigen kann. Den Deckel auf den Topf legen und bei mittlerer Hitze erwärmen, bis es raucht. Dann den Lachs auf das Gitter legen, die Temperatur reduzieren und bei geschlossenem Deckel ca. 10 bis 15 Minuten räuchern. Dann den Lachs herausnehmen. Der geräucherte Lachs ist ziemlich schnell fertig. Räuchert man ihn zu lange, wird er zu trocken.

Für die Maniok-Rösti den Maniok auftauen lassen und grob reiben. Dann mit dem Mehl vermengen und mit Salz, Pfeffer sowie frisch geriebener Muskatnuss würzen.

Schnittlauch waschen, trocken schütteln, in Röllchen schneiden und unter die Masse mengen. In einer Pfanne etwas Butterschmalz erhitzen und portionsweise kleine Rösti goldbraun ausbacken. Anschließend auf Küchenpapier abtropfen lassen und bis zum Servieren warm halten.

Für die Tomaten-Ingwer-Konfitüre die Tomaten waschen, kreuzweise einschneiden, mit kochendem Wasser überbrühen, häuten, den Blütenansatz sowie die Kerne entfernen und in Viertel schneiden. Zusammen mit dem Zucker, Zitronensaft, Ingwer, Nelken und der Chilischote in einen Topf geben und ca. 20 Minuten kochen. Immer wieder umrühren und den entstehenden Schaum abschöpfen. Nelken und Chili entfernen. Die Konfitüre in vorbereitete sterile Gläser füllen und sofort verschließen.

Den Lachs mit den Rösti und der Konfitüre auf Tellern anrichten.

Räuchertipp – Kaufen Sie im Sommer im Supermarkt genügend Aluschalen zum Grillen. Diese eignen sich perfekt zum Räuchern und können dann gleich entsorgt werden. Auch Hähnchen, Garnelen, Ente und sogar Auberginen schmecken geräuchert vorzüglich.

MARINIERTER ROLLMOPS

Für 4 Portionen

400 g ganz frische Sardinen oder
frische Heringfilets
2–3 Schalotten
½ Knoblauchzehe
50 ml Weißweinessig
30 ml Sojasauce
30 ml Olivenöl
feines Meersalz
2 große Tomaten
½ Mango
4 Stängel glatte Petersilie
Pfeffer aus der Mühle

Die Sardinen putzen, entgräten, filetieren, waschen und trocken tupfen.
Alternativ die Heringfilets waschen und trocken tupfen.

Für die Marinade Schalotten schälen und in kleine Würfel schneiden.
Knoblauch ebenfalls schälen und pressen. Beides mit Weißweinessig,
Sojasauce, Olivenöl und etwas Salz vermengen. Die Marinade über
die Fischfilets gießen und diese dann ca. 24 Stunden im Kühlschrank
durchziehen lassen. Bei Heringfilets verlängert sich die Zeit um
8 Stunden.

Tomaten waschen, Blütenansatz und Kerne entfernen und in Würfel
schneiden. Mango schälen, das Fruchtfleisch vom Stein schneiden und
ebenfalls würfeln. Petersilie waschen, trocken schütteln, grobe Stiele
entfernen und fein hacken.

Die Fischfilets aus der Marinade nehmen. Tomaten- und Mangowürfel
untermengen, nach Belieben mit Salz und Pfeffer abschmecken.

Auf Tellern anrichten, mit Marinade beträufeln und mit Petersilie
bestreuen. Nach Belieben noch mit ein wenig Olivenöl beträufeln.
Mit grünem Salat und frischem Brot als Vorspeise oder Tapa servieren.

Hier kommt ein interessantes, feines, ganz herrliches Gericht. Die Mischung aus Portwein, Weißwein,
Wermut und dem geräucherten Fisch ist unübertrefflich. Die Inspiration stammt aus einer kleinen,
deutschen Hausräucherei in Südbrasilien. Dort dämpft die „Oma" den Fisch, weil sie genau weiß, dass
dies dem Fisch besser bekommt als die sonst dort übliche Zubereitung in der Pfanne.

MEERESFISCH

IN PORTWEINSAUCE

Für 4 Portionen

150 ml Gemüse-, Fisch- oder
Geflügelbrühe
100 ml Weißwein
50 ml weißer Portwein
25 ml trockener Wermut
200 ml Sahne
½ TL Currypulver
1 Spritzer Zitronensaft
150 g Räucherlachs oder
geräucherte Forellenfilets
800 g festfleischiges Fischfilet,
z. B. Seeteufel, Lachs
feines Meersalz
Pfeffer aus der Mühle

Brühe, Weißwein, Portwein und Wermut in einen Topf geben und die
Flüssigkeit um die Hälfte einkochen. Die Sahne zufügen und mit dem
Curry würzen. Mit einem Spritzer Zitronensaft abschmecken. Den
geräucherten Fisch in mundgerechte Stücke zerteilen, in die Sauce
geben und darin warm werden lassen.

Das Fischfilet entgräten, bei Bedarf häuten, waschen, trocken tupfen
und in 4 Portionen schneiden. Vorsichtig salzen und pfeffern. Dann
auf ein Sieb legen und über einem Topf mit kochendem Wasser bei
geschlossenem Deckel ca. 5 Minuten dämpfen. Die Fischfilets dann
zur Sauce geben, darin kurz ziehen lassen und nach Bedarf mit Salz
und Pfeffer abschmecken. Mit Salzkartoffeln oder Wildreis servieren.

Einkaufstipp – Beim Kauf von Fisch sollten Sie auf die Herkunft der Ware achten bzw.
darauf, wie er gefangen wurde. Fisch aus Wildfang (im Gegensatz zur Aquakultur)
kann mit dem blauen MSC-Siegel versehen sein. MSC steht für Marine Stewardship
Council und weist auf Fisch hin, der aus nachhaltigem Fischfang stammt.

Hier treffen Japan und Portugal auf Deutschland. Da aber Heringe in Südamerika aus der Dose kommen, mariniert man dort andere Fische wie beispielsweise Sardinen. Ein wunderbares Rezept, das Sie bequem vorbereiten können und fertig im Kühlschrank haben, wenn die Gäste kommen oder die Familie hungrig in die Küche einfällt. Die Zwiebeln in der Marinade mildern übrigens den Fischgeschmack.

Einfach, schnell und sehr elegant. Der Klassiker wird entstaubt und kommt im modernen, spritzigen Gewand auf den Tisch. Innovationen wie diese werden oft aus der Verlegenheit geboren. Mandeln, hierzulande ein beliebter Begleiter der Forelle, sind in den Tropen rar, teuer und oft ranzig. Da die Deutschen aber nicht ganz auf ihre Traditionen verzichten wollten, schauten sie sich nach passendem Ersatz um und entdeckten die köstlichen frischen Cashewkerne.

FORELLE BLAU

MIT CASHEWBUTTER UND WASABI-GURKENSALAT

Für 4 Portionen

Forellen und Sud
1,5 l Wasser
200 ml Weißweinessig
150 ml trockener Weißwein
½ geschälte Zwiebel
2 Lorbeerblätter
1 Stängel Zitronengras*
5 Stängel glatte Petersilie
2 EL feines Meersalz
Pfeffer aus der Mühle
1 TL 5-Gewürze-Pulver*
4 küchenfertige Regenbogenforellen (à ca. 250 g)

Cashewbutter
150 g ungeröstete Cashewkerne
150 g Butter
1 TL feines Meersalz

Wasabi-Gurkensalat
2 Salatgurken (ca. 450 g)
2 Möhren (ca. 250 g)
1 rote Zwiebel
Saft von ½ Limette
1 TL feines Meersalz
1 TL Wasabipaste*
1 EL Pflanzenöl
1 Bund Schnittlauch

Die Zutaten für den Sud in einen großen flachen Topf geben, in den die Forellen der Länge nach hineinpassen und mit geschlossenem Deckel aufkochen. Dann die Temperatur reduzieren und die Gewürze noch ca. 5 Minuten weiter ziehen lassen.

In der Zwischenzeit die Forellen nur kurz von außen und innen waschen und trocken tupfen. In den Sud legen und ca. 10 Minuten darin gar ziehen lassen. Sie sind gar, wenn sich die Rückenflosse leicht herausziehen lässt.

Für die Cashewbutter die Kerne der Länge nach halbieren und in einer Pfanne mit Butter und Salz unter Rühren rösten. Nachdem die Butter geschmolzen ist, bei niedriger Hitze noch weitere 5 Minuten köcheln lassen.

Für den Salat Gurken und Möhren putzen, schälen und dann mit einem Sparschäler der Länge nach in dünne Streifen schneiden, dabei drehen, damit die Streifen gleichmäßig breit werden. Die Zwiebel schälen, halbieren und in dünne Scheiben scheiden. Alles mit Limettensaft und Salz vermischen und ca. 10 Minuten ziehen lassen.

Die Salatzutaten gut über einem Sieb abtropfen lassen und die Flüssigkeit dabei auffangen. 3 Esslöffel davon abnehmen, mit Wasabi sowie Salz verrühren und zum Schluss das Öl unterrühren. Das Dressing mit dem Salat vermengen.

Den Schnittlauch waschen, trocken schütteln, in 3 cm lange Stücke schneiden und über den Salat streuen.

Die Forellen mit der Cashewbutter und dem Gurkensalat auf Tellern anrichten. Dazu passen Salzkartoffeln und, falls Sie mögen, Zitronenspalten.

Zubereitungstipp – Damit die Forellen auch wirklich blau werden, darf die äußere Schleimschicht nicht verletzt werden, da sie für die Färbung sorgt. Deswegen wasche ich sie auch nur kurz unter kaltem Wasser, bevor sie in den Sud kommen. Wenn Sie den Fisch vorher salzen möchten, dann nur von innen.

Schweinebraten

MIT MANIOKPÜREE UND ROTKOHL

Für 4 Portionen

Gewürzpaste
2 cm Ingwer
2 Knoblauchzehen
2 Zweige Rosmarin
5 Zweige Thymian
1 Msp. Koriandersamen
1 Msp. Kümmelsamen, nach
Belieben
1 EL scharfes Paprikapulver
1 Prise Zucker
feines Meersalz

Schweinebraten
1,5 kg Schweinefleisch mit
Schwarte, z. B. aus der Schulter
Öl zum Bestreichen
2 EL Butterschmalz
3 Zwiebeln
2 Knoblauchknollen
500 ml Weißwein
250 ml Wasser
2 Zweige Rosmarin

Maniokpüree
500 g tiefgefrorener, geschälter
Maniok*
feines Meersalz
500 g mehlig- oder vorwiegend
festkochende Kartoffeln
80 g zerlassene Butter
100 ml lauwarme Milch
Muskatnuss
Pfeffer aus der Mühle

Für die Gewürzpaste Ingwer schälen und klein schneiden. Knoblauch schälen und grob hacken. Rosmarin und Thymian waschen, trocken schütteln und Nadeln bzw. Blätter abzupfen. Koriander und Kümmel in einem Mörser zerstoßen. Ingwer, Knoblauch, Rosmarin, Thymian sowie Paprikapulver, Zucker und etwas Salz zufügen und zu einer Paste verarbeiten.

Das Schweinefleisch waschen, trocken tupfen und die Fettschwarte ca. 1 cm tief rautenförmig einschneiden. Bitte aufpassen, dass das Fleisch nicht mit eingeschnitten wird, sonst trocknet es beim Braten aus. Rundherum mit der Gewürzpaste einreiben und gut einmassieren.

Backofen auf 200 °C Ober- und Unterhitze vorheizen. Ein tiefes Backblech mit Öl bestreichen.

In einem Bräter das Butterschmalz zerlassen und das Fleisch darin von allen Seiten scharf anbraten. Dann mit der Schwarte nach unten auf das Backblech legen.

Zwiebeln schälen und in große Würfel schneiden, Knoblauchknollen schälen und halbieren. Zwiebeln und Knoblauch sowie die gewaschenen Rosmarinzweige um das Fleisch herum auf dem Backblech verteilen, etwas Weißwein und Wasser angießen und im Backofen auf mittlerer Schiene ca. 1 Stunde garen. Dann die Temperatur auf 175 °C reduzieren und den Braten wenden. Weitere 50 Minuten garen, dabei immer wieder mit Weißwein und Wasser übergießen.

Damit die Schwarte schön knusprig wird, die Temperatur auf 250 °C Ober- und Unterhitze erhöhen und weitere 8–10 Minuten garen. Währenddessen immer wieder mit Weißwein und Wasser bepinseln.

Den fertigen Braten vom Backblech nehmen und im ausgeschalteten Ofen warm halten. Den Bratensatz eventuell mit Weißwein oder Wasser vom Blech lösen und durch ein Sieb passieren. Die Sauce in einem Topf zur gewünschten Konsistenz einkochen, mit Salz und Pfeffer abschmecken, bis zum Servieren warm halten.

Für das Maniokpüree den Maniok in einem Topf mit ausreichend Salzwasser garen. Dann längs halbieren und die innere harte Faser entfernen. Kartoffeln schälen, waschen und ebenfalls in einem Topf mit ausreichend Salzwasser gar kochen. Kartoffeln und Maniok durch eine Kartoffelpresse drücken. Dann die Butter sowie die Milch schnell unterrühren und mit frisch geriebener Muskatnuss, Salz und Pfeffer abschmecken.

Wer im brasilianischen Frühling in die im Süden gelegene Stadt Blumenau kommt, wird seinen Augen kaum trauen und denken, er sei in den falschen Flieger gestiegen: Burschen in Lederhosen, Madln in Dirndln – ist das etwa pommersche Tradition? Nein, aber das scherte die Stadtväter wenig, als sie nach der großen Überschwemmung 1984 Strategien ersannen, um ihre von den Fluten gebeutelte Stadt für Einheimische und Besucher attraktiver zu machen: Ein Fest musste her und typisch deutsch musste es sein. Inzwischen hat sich das Blumenauer Oktoberfest gemausert. So sehr, dass es auf der Weltrangliste der Oktoberfeste gleich hinter München rangiert und als Volksfest in Brasilien hinter dem Karneval in Rio auf Platz Zwei liegt!
Und wer Lederhosen trägt, muss selbstverständlich auch Schweinebraten essen. In Südbrasilien allerdings statt mit den üblichen Knödeln mit einem raffinierten Maniokpüree.

ROTKOHL

750 g Rotkohl
2 Zwiebeln
1 TL Kreuzkümmelsamen
1 EL Butter
1 Zimtstange
3 Nelken
3 Wacholderbeeren
1 Lorbeerblatt
250 ml Rotwein
250 ml Orangensaft
1 säuerlicher Apfel
feines Meersalz
Pfeffer aus der Mühle
1 EL Honig

Den Rotkohl putzen, den Strunk entfernen und in feine Streifen hobeln. Die Zwiebeln schälen und fein würfeln. Den Kreuzkümmel fein mörsern.

Die Butter in einem Topf zerlassen, die Zwiebeln anschwitzen, dann den Rotkohl zufügen und ca. 5 Minuten mitanschwitzen. Zimtstange, Nelken, Wacholderbeeren, Kreuzkümmel und das Lorbeerblatt zufügen und mit Rotwein sowie Orangensaft ablöschen. Mit geschlossenem Deckel bei mittlerer Hitze ca. 25 Minuten köcheln lassen, dabei gelegentlich umrühren und bei Bedarf etwas Wasser nachgießen.

In der Zwischenzeit den Apfel waschen, schälen und fein raspeln. Nach Ende der Garzeit die Apfelraspel zum Rotkohl geben. Mit Salz, Pfeffer und Honig abschmecken und weitere 10 Minuten kochen. Zugefügte Gewürze wieder entfernen.

Alles zusammen auf Tellern anrichten.

Italien in Südamerika

Italienisches Lebensgefühl trifft auf südamerikanisches Temperament – was könnte besser passen? Mehrere Millionen italienische Einwanderer kamen Ende des 19. Jahrhunderts nach Argentinien, Brasilien oder Uruguay und hatten natürlich auch ihre Esskultur im Gepäck. Den Italienern erging es wie den Deutschen: Sie fanden einen Teil der gewohnten Zutaten nicht. So entstanden mit der Zeit aromatisch-nussige Gnocchi aus Maniok und dem klassischen Risotto wurde ein bisschen brasilianischer Lifestyle mithilfe von Limetten und Cachaça zugefügt.

In meiner Wahlheimat Berlin gebe ich seit Jahren Kochkurse zu den verschiedensten Themen und am Ende des Abends schicke ich die Teilnehmer satt, begeistert und mit vielen neuen Rezeptideen nach Hause. Irgendwann fiel mir auf, dass die italienisch-südamerikanischen Kreationen hier in Deutschland besonders gut ankommen. Vielleicht liegt es ja daran, dass in beiden Küchen mit überschwänglicher Liebe und Leidenschaft gekocht wird.

Das Dressing lässt sich gut vorbereiten; auch den Prosciutto (spanischer Serrano oder italienischer Rohschinken sind ebenfalls sehr gut geeignet) können Sie bis zu drei Tage im Voraus besorgen und trocken aufbewahren.

RUCOLA-AVOCADO-ORANGEN-SALAT

MIT MOZZARELLA UND PROSCIUTTO

Für 4 Portionen

Kapern-Dressing
½ Knoblauchzehe
1 EL Kapern
4 Stängel glatte Petersilie
2 EL heller Balsamicoessig
½ EL Dijonsenf
1 TL Honig
feines Meersalz
Pfeffer aus der Mühle
5 EL Olivenöl

Salat
1 Bund Rucola
1 reife Avocado
150 g Kirschtomaten
1 rote Zwiebel
12 entsteinte schwarze Oliven
1 Orange
250 g Büffelmozzarella
30 g Pinienkerne
100 g dünne Scheiben Prosciutto
1 EL Olivenöl

Für das Dressing den Knoblauch schälen und sehr fein hacken. Die Kapern abtropfen lassen und ebenfalls klein hacken. Petersilie waschen, trocken schütteln, grobe Stiele entfernen und fein hacken. Den Balsamico mit Senf und Honig verrühren. Knoblauch, Kapern und Petersilie zufügen, mit Salz und Pfeffer würzen. Zum Schluss das Olivenöl einrühren und noch einmal abschmecken.

Für den Salat Rucola putzen, waschen und trocken schleudern. Avocado halbieren, Stein entfernen, das Fruchtfleisch auslösen und in Würfel schneiden. Kirschtomaten waschen und vierteln. Zwiebel schälen und in feine Streifen schneiden. Oliven halbieren. Die Orange schälen, sodass die weiße Haut komplett entfernt ist. Die Filets auslösen, dabei den Saft auffangen. Den Mozzarella abtropfen lassen und in Stücke schneiden oder reißen.

Rucola, Zwiebelstreifen, Orangenfilets und Oliven in eine Schüssel geben. Mit dem Kapern-Dressing vermengen und dann die Tomaten- und Avocadostücke vorsichtig unterheben.

Die Pinienkerne in einer Pfanne ohne Zugabe von Fett rösten, herausnehmen und beiseitestellen. Den Prosciutto in dünne Streifen schneiden und in ganz wenig Olivenöl knusprig braten. Aus der Pfanne nehmen und auf Küchenpapier abtropfen lassen.

Den Salat mit dem gebratenen Prosciutto und dem Mozzarella auf Tellern anrichten. Mit den Pinienkernen garnieren und servieren. Dazu passt frisches, helles Sauerteigbrot oder Ciabatta.

OKTOPUS-SALAT

MIT KORIANDER-VINAIGRETTE

Für 4 Portionen

Oktopus-Salat
1 große Zwiebel
2 Korianderwurzeln*
1 Oktopus (ca. 700 g)
¼ TL Koriandersamen
1 Lorbeerblatt
1 TL feines Meersalz
1 TL schwarze Pfefferkörner
½ TL Zucker

Vinaigrette
je 1 kleine rote und gelbe
Paprikaschote
1 rote Chilischote
2 Tomaten
2 Stangen Staudensellerie
1 rote Zwiebel
1 Knoblauchzehe
½ Bund glatte Petersilie
1 Stängel Koriander
½ unbehandelte Limette
100 ml Olivenöl
feines Meersalz
Pfeffer aus der Mühle

Für den Oktopus-Salat die Zwiebel schälen. Korianderwurzeln waschen und abtropfen lassen. Den Oktopus gründlich abwaschen. Mit ausreichend Wasser in einen Topf geben, sodass der Oktopus bedeckt ist. Die ganze Zwiebel, Korianderwurzeln und -samen, Lorbeerblatt sowie Salz, Pfeffer und Zucker zugeben. Aufkochen und bei niedriger Hitze ca. 50 Minuten kochen, bis der Oktopus gar ist. Den Oktopus aus dem Wasser nehmen, gut abtropfen lassen, Augen sowie Mund wegschneiden und den Rest klein schneiden.

Für die Vinaigrette Paprika und Chili waschen, Kerne sowie weiße Innenhäute entfernen und in kleine Würfel schneiden. Tomaten waschen, Blütenansatz sowie Kerne entfernen und in kleine Würfel schneiden. Sellerie putzen, waschen und in feine Streifen schneiden. Zwiebel schälen und in kleine Würfel schneiden. Knoblauch schälen und fein hacken.

Petersilie und Koriander waschen, trocken schütteln, Blättchen abzupfen und fein hacken. Limette heiß abwaschen und gut trocknen. Die Schale abreiben und dann den Saft auspressen. Alle für die Vinaigrette vorbereiteten Zutaten mit Olivenöl vermengen, mit Salz und Pfeffer abschmecken.

Die Vinaigrette mit dem Oktopus vermengen und den Salat kurz durchziehen lassen.

Mit Baguette servieren.

Tipp – Achten Sie beim Garen darauf, dass die Temperatur nicht zu hoch ist, sonst wird das Oktopusfleisch schnell zäh. Nach Belieben können Sie mit den Kräutern variieren, auch klassisch italienische Kräuter schmecken hierzu gut.

Italiener mögen keine Schalen von Paprika, auch noch nach Generationen in Südamerika.
Hier im Rezept ein Trick, den ich bei Dona Cecilia aus Bexiga gelernt habe, wie man die Paprika
problemlos enthäutet.
Dieses Rezept hält sich bis zu 1 Woche im Kühlschrank. Schmeckt auch wunderbar zu Nudeln
oder auf Crostini. Ihre Gäste werden beeindruckt sein! Deswegen empfehle ich Ihnen, hier das
Doppelte zuzubereiten und den Rest aufzuheben oder als Mitbringsel an Freunde zu verschenken.

BRASILIANISCHE CAPONATA

Für 4 Portionen

1 Aubergine (ca. 350 g)
feines Meersalz
1 Zucchini (ca. 250 g)
je 1 rote und gelbe Paprikaschote
2 Stangen Staudensellerie
2 Zwiebeln
200 g Kirschtomaten
100 g Okraschoten*
7 EL heller Balsamicoessig
5 EL Olivenöl
2 EL Rosinen
½ TL Oregano
½ TL Zucker
Pfeffer aus der Mühle
60 g Walnusskerne
30 g Pinienkerne
3 Stängel Basilikum, nach
Belieben
2 Zweige Thymian, nach Belieben

Aubergine putzen, waschen und in ca. 1,5 cm große Würfel schneiden. Die Würfel in ein Sieb füllen, mit 1 TL Salz bestreuen und mindestens 30 Minuten ziehen lassen. Die Auberginenwürfel dann kurz unter Wasser abspülen und abtropfen lassen.

Backofen auf 200 °C Ober- und Unterhitze vorheizen.

Zucchini putzen, waschen und in Würfel schneiden. Paprika waschen, Kerne und weiße Innenhäute entfernen und halbieren. Sellerie putzen, waschen und in ca. 1 cm dicke Scheiben schneiden. Zwiebeln schälen und in Würfel schneiden. Tomaten waschen.

Okraschoten putzen, waschen, halbieren und die Enden abschneiden. 500 ml Wasser mit 3 EL Essig zum Kochen bringen und die Okraschoten darin ca. 3 Minuten garen, bis der Schleim ins Essigwasser fließt.

Für die Marinade den restlichen Essig mit Öl, Rosinen, Oregano, Zucker, Salz und Pfeffer vermengen. Aubergine, Zucchini, Sellerie und Zwiebel gut mit der Marinade vermengen und auf dem Boden einer Auflaufform oder einem Backblech verteilen. Die Paprikahälften mit der offenen Seite nach unten in die Mitte legen und alles ca. 35 bis 40 Minuten garen, bis das Gemüse weich ist.

Während der Garzeit die Gemüsewürfel immer wieder vorsichtig umrühren, dabei aufpassen, dass die Paprikahälften nicht bewegt werden. Nach ca. 20 Minuten Garzeit die Okraschoten und die Tomaten zufügen. In der Zwischenzeit Walnüsse grob hacken. Mit den Pinienkernen in einer Pfanne ohne Zugabe von Fett rösten.

Nach Ende der Garzeit die Auflaufform aus dem Ofen nehmen. Von den Paprikaschoten die Schale abziehen, in Würfel schneiden und unter das restliche Gemüse mengen. Die Caponata abschmecken, nach Wunsch mit etwas Olivenöl beträufeln und die Walnüsse sowie Pinienkerne dazugeben. Nach Belieben Basilikum und Thymian waschen, trocken schütteln, fein hacken und unter die Caponata mengen. Dann wie gewünscht kalt als Antipasti oder warm als Beilage, z. B. zu Nudeln, servieren.

Ein schönes Gericht, das im Wok oder im Topf zubereitet werden kann. Es ist sehr praktisch, da die Nudeln nicht vorgekocht werden müssen. Durch die Palmherzen, die sich mit den Reisnudeln vermischen, ist es ein „leichteres" Gericht, als man sonst mit Nudeln vermutet.

REISNUDELN

MIT PALMHERZEN UND GAMBAS

Für 4 Portionen

300 g Reisnudeln*,
z. B. Fettuccine
1 Dose (425 g) Palmherzen*
1 rote Chilischote
3 Knoblauchzehen
4 Schalotten
600 g küchenfertige Garnelen
10 EL Olivenöl
feines Meersalz
Pfeffer aus der Mühle
2 EL Sherry
1 Dose (425 g) passierte
Tomaten
1 TL brauner Zucker
1 Bund Basilikum

Die Fettuccine in eine Schüssel mit Wasser legen und ca. 20 Minuten einweichen, bis sie sich gut biegen lassen. Die Palmherzen abtropfen lassen und der Länge nach in Streifen schneiden. Die Streifen sollten in etwa so breit wie die Fettuccine sein.

Chili waschen, Kerne entfernen und klein hacken. Knoblauch und Schalotten schälen und ebenfalls klein hacken. Die Garnelen waschen, trocken tupfen und gegebenenfalls den Darm entfernen.

4 EL Öl in einem Wok erhitzen. Die Garnelen mit Salz und Pfeffer würzen und zusammen mit der Hälfte des Knoblauchs anbraten. Mit Sherry ablöschen, aus dem Wok nehmen und beiseitestellen.

4 EL Öl in den Wok geben und Schalotten, Chili sowie restlichen Knoblauch anbraten. Die passierten Tomaten zufügen, mit Salz und Zucker würzen. Ca. 15 Minuten bei niedriger Hitze köcheln lassen.

Die Palmherzen und die abgetropften Fettuccine zur Tomatensauce geben und kurz köcheln, bis die Nudeln al dente sind. Dann die Garnelen zusammen mit dem Sherrysud zufügen und alles mit Salz und Pfeffer abschmecken.

Basilikum waschen, trocken schütteln, Blätter abzupfen und fein hacken.

Die Fettuccine auf warmen Tellern anrichten, mit Basilikum bestreuen und mit dem restlichen Olivenöl beträufeln.

Variante – Falls Sie keine Reismehl-Fettucine bekommen, können Sie auch auf Fettuccine aus Hartweizengrieß zurückgreifen.

Maniok-Gnocchi mit brauner Salbei-Butter

Für 4 Portionen

Maniok-Gnocchi
700 g Maniok*
1 gehäufter TL feines Meersalz
3 EL Butter
1 Eigelb
150 g Mehl
Mehl zum Bearbeiten

Salbei-Butter
1 Knoblauchzehe
2 Stängel Salbei
100 g Butter
feines Meersalz
Pfeffer aus der Mühle

außerdem
50 g Parmesan

Für die Gnocchi den Maniok schälen, sodass alle schwarzen Stellen entfernt sind. Am besten eignen sich schon geschälte, tiefgefrorene Manioks. In einem Topf mit ausreichend Wasser ca. 30 Minuten kochen, bis er weich ist. Dann aus dem Wasser nehmen, abtropfen lassen, halbieren und die harten Fasern, die sich in der Mitte befinden, entfernen. Die noch heißen Maniokhälften zusammen mit Salz und Butter zerstampfen, durch eine Kartoffelpresse pressen, dann mit Eigelb und Mehl zu einem Teig kneten.

Den Maniokteig auf einer bemehlten Arbeitsfläche zu einem ca. 2 cm hohen Quadrat ausrollen und mit einem Küchenmesser in ca. 2 cm breite Streifen schneiden. Die Streifen zu Rollen formen und diese in ca. 2 cm große Stücke schneiden.

Die Gnocchi portionsweise in kochendem Salzwasser kurz aufkochen und bei niedriger Hitze köcheln lassen, bis sie an die Oberfläche steigen. Dann noch ca. 15 Sekunden ziehen lassen und mit einer Schaumkelle aus dem Wasser nehmen.

Für die Salbeibutter den Knoblauch schälen und pressen. Salbei waschen, trocken schütteln, Blätter abzupfen und fein hacken. In einer Pfanne Butter erhitzen und den Knoblauch anschwitzen. Mit Salz würzen und Salbei zufügen. Die Gnocchi in der Salbeibutter schwenken. Nach Belieben mit Salz und Pfeffer abschmecken.

Mit frisch gehobeltem Parmesan bestreuen und servieren.

Variante – Wer sich nicht an die Zubereitung mit Maniok wagt, kann dieses Gericht gerne mit den klassischen Gnocchi zubereiten.

Ein Highlight aus meinen Kochkursen, statt Weißwein kommt hier
Cachaça zum Einsatz. Köstlich schmeckt auch ein wenig Zitronengras,
das Sie mit dem Risotto kochen und vor dem Servieren entfernen.

Caipi-Limetten-Risotto

Für 4 Portionen

1 große Fenchelknolle
4 Schalotten
2 unbehandelte Limetten
2 EL Butter
2 EL Olivenöl
300 g Risottoreis
ca. 100 ml Cachaça*
ca. 1 l Gemüsebrühe oder
Geflügelfond
60 g frisch geriebener Parmesan
feines Meersalz
Pfeffer aus der Mühle
1 EL gehackte Petersilie oder
Schnittlauchröllchen

Fenchel putzen, waschen und in kleine Würfel schneiden. Schalotten schälen und ebenfalls in kleine Würfel schneiden. Die Limetten heiß abwaschen, gut abtrocknen und die Schale abreiben. Dann die Limetten schälen, sodass die weiße Haut vollständig entfernt wird, die Fruchtfilets auslösen und in Würfel schneiden. Den abtropfenden Saft dabei auffangen.

In einem Topf 1 EL Butter sowie das Olivenöl erhitzen. Die Schalottenwürfel zugeben und anschwitzen. Den Risottoreis zufügen und ebenfalls anschwitzen, bis die Reiskörner glasig sind. Mit Cachaça ablöschen. Einen Teil der Gemüsebrühe sowie den Abrieb der Limette zufügen und unter Rühren köcheln, bis die Reiskörner die Flüssigkeit aufgenommen haben. Die Brühe nach und nach zugießen und den Risottoreis nach Packungsanweisung garen, bis er bissfest ist. Kurz vor Ende der Garzeit die Fenchelwürfel zufügen.

Sobald der Risotto fertig ist, die restliche Butter unterrühren und den Parmesan unterheben. Zum Schluss die Limettenwürfel zufügen und mit Salz, Pfeffer sowie Limettensaft abschmecken.

Nach Belieben mit Petersilie oder Schnittlauch bestreut anrichten.

Tipp – Ich stelle gern selbst meinen eigenen Geflügelfond her. Dazu setze ich 1 kg Suppenhuhn mit 2,5 Litern Wasser, 3 geschälten Knoblauchzehen, 1 geschälten Zwiebel, 1 Möhre, 2 Selleriestangen, 1 Stange Lauch, 2 cm geschältem Ingwer, 2 Zitronengrasstängeln, 1 EL feinem Meersalz, 1 TL Pfefferkörnern, 3 Korianderwurzeln, Saft von 1 Limette, 1 TL braunem Zucker sowie je 1 TL Curry und Kreuzkümmel auf. Alles lasse ich ca. 1 Stunde vor sich hin köcheln, dann passiere ich die Zutaten und schmecke den Fond noch einmal ab. Der Fond lässt sich auch hervorragend einfrieren, so hat man ihn immer schnell zur Hand.

DORADE MIT SÜSSKARTOFFELN

Für 4 Portionen

2 Süßkartoffeln (ca. 300 g)
8 Zweige Thymian
7 EL Olivenöl
feines Meersalz
Pfeffer aus der Mühle
2 TL kalte Butter
4 Doradenfilets (à ca. 120 g)
1 Limette
12 EL Weißwein

Backofen auf 180 °C Ober- und Unterhitze vorheizen.

Die Süßkartoffeln schälen, waschen und in ganz dünne Scheiben hobeln. Thymian waschen und trocken schütteln. Von 4 Zweigen die Blättchen abzupfen und mit den Süßkartoffelscheiben und 5 EL Olivenöl in eine Schüssel geben. Kräftig mit Salz und Pfeffer würzen und alles gut vermengen.

Ein Backblech mit Backpapier belegen. Die Süßkartoffelscheiben in 4 Portionen beetartig auf dem Backpapier auslegen, die Portionen sollten etwas größer sein als das Fischfilet. Die kalte Butter in Flöckchen auf den Süßkartoffelscheiben verteilen und ca. 10 bis 15 Minuten im Backofen garen.

Die Doradenfilets gegebenenfalls entgräten, waschen, trocken tupfen, dann mit Salz und Pfeffer würzen. Die Haut leicht einritzen, sodass man je einen Thymianzweig durchstecken kann. Von der Limette den Saft auspressen.

Nach Ende der Garzeit auf jedes Süßkartoffelbeet ein Fischfilet mit der Hautseite nach oben legen. Über die Fischfilets und die Süßkartoffeln jeweils 3 EL Weißwein, 1 TL Olivenöl sowie etwas Limettensaft träufeln. Im Backofen weitere 10 bis 12 Minuten garen.

Dazu schmecken verschiedene Saucen wie z. B. die Caponata (s. Seite 50), die Tomaten-Ingwer-Konfitüre (s. Seite 37) oder die Salsa Criolla (s. Seite 20).

Variante – Statt der Doradenfilets können Sie auch auf andere Fischfilets Ihrer Wahl zurückgreifen, je nach Stärke der Filets kann sich hier die Garzeit jedoch etwas verlängern.

IN ROTWEIN GESCHMORTE RINDFLEISCH-INVOLTINI

MIT KUMQUAT-KORIANDER-REIS

Für 4 Portionen

Rindfleisch-Involtini

8 Stangen grüner Spargel
200 g dünne grüne Bohnen
3 mittelgroße Zwiebeln
40 g Ingwer
1 rote Chilischote
8 Scheiben Rinderrücken, z. B.
Rumpsteak (à ca. 80 g)
feines Meersalz
Pfeffer aus der Mühle
8 Scheiben dünner, gekochter
Schinken oder magerer Speck
(à ca. 20 g)
5 EL Olivenöl
200 ml Rotwein
300 ml Gemüsebrühe oder Wasser
1 TL Kreuzkümmel
2 EL kalte Butter

Kumquat-Koriander-Reis

½ unbehandelte Orange
1 Bund Frühlingszwiebeln
200 g Kumquats*
je ½ Bund Koriander und
Petersilie
500 ml Wasser
4 EL Butter
ca. 2 TL Salz
250 g gewaschener
Basmati- oder Duftreis

Für die Rindfleisch-Involtini den Spargel putzen, das untere Drittel schälen, die Bohnen putzen, waschen und beides in gleichmäßig große Stücke schneiden.

Zwiebeln und Ingwer schälen, die Zwiebeln in Streifen, den Ingwer in dünne Scheiben schneiden. Die Chilischote waschen, Kerne entfernen und in dünne Streifen schneiden.

Die Fleischscheiben waschen, trocken tupfen, zwischen aufgeschnittene Gefrierbeutel legen und ca. 4 mm dünn klopfen. Dann von beiden Seiten mit Salz und Pfeffer würzen und mit jeweils 1 Scheibe Schinken bzw. Speck belegen. Auf das untere schmale Ende jeweils einige Bohnen sowie Spargel legen, das Fleisch aufrollen und mit Küchengarn festbinden oder mit Zahnstochern feststecken.

In einem schweren Topf Olivenöl erhitzen und Zwiebeln, Ingwer und Chili anschwitzen. Die Rindfleisch-Involtini zugeben und von allen Seiten anbraten. Dann mit dem Rotwein ablöschen und mit Gemüsebrühe aufgießen. Mit Kreuzkümmel, Salz und Pfeffer würzen und mit geschlossenem Deckel bei mittlerer Hitze ca. 15 Minuten schmoren. Bei Bedarf noch etwas Brühe zufügen und die Involtini mehrmals wenden.

Die Involtini herausnehmen und warm halten. Die kalte Butter in Würfel schneiden und nach und nach unter die Sauce rühren, bis sie die gewünschte Konsistenz hat. Mit Salz und Pfeffer noch einmal abschmecken.

Für den Kumquat-Koriander-Reis die Orange heiß abwaschen, gut abtrocknen und die Schale abreiben. Frühlingszwiebeln putzen, waschen und in feine Streifen schneiden. Kumquats waschen, Kerne entfernen und in Scheiben schneiden. Koriander und Petersilie waschen, trocken schütteln, Blätter abzupfen und fein hacken. Das Wasser zusammen mit der Butter, der Orangenschale und dem Salz aufkochen. Dann den Reis zufügen und bei niedriger Hitze nach Packungsanweisung garen. Die Kumquats, Frühlingszwiebeln und die Kräuter unterheben und mit Salz und Pfeffer abschmecken. Zusammen mit den Involtini servieren.

Tipp – Statt des Spargels können Sie auch Frühlingszwiebeln in die Involtini einrollen.

Afrobrasi-lianische Küche

Bobó de Camarão oder Moqueca de Peixe – die Rezepte in diesem Kapitel klingen für uns Deutsche geheimnisvoll und fremd, aber überzeugen durch ihren markanten Geschmack und die unkomplizierte Zubereitung.

Kein Wunder, schließlich ist die afrobrasilianische Küche im Alltag dank der Einflüsse aus indigenen, afrikanischen und portugiesischen Kochtraditionen entstanden. Herausgekommen sind köstliche Eintöpfe und Suppen sowie Snacks, die sich gut vorbereiten lassen und schmecken.

Viele Rezepte wie die Bananen-Chips, die ich hier mit Tandoori-Masala kombiniere oder die Acarajé sind ideale Fingerfood-Ideen für Ihre nächste Feier.

Das Bobó beispielsweise ist eins der Lieblingsrezepte meiner Tochter und passt zu einem Brunch oder aber auch als warmes Gericht bei einer Party.

Unter uns: Mit diesen Gerichten haben Sie wenig Arbeit, beeindrucken aber Ihre Gäste allein schon mit den Namen und natürlich den satten Aromen.

GRÜNE BANANEN-CHIPS

MIT TANDOORI-MASALA

Für 4 Portionen

2 grüne Kochbananen*
Öl zum Frittieren
2 EL Tandoori-Masala-Gewürz*
feines Meersalz

Die Kochbananen mit einem scharfen Gemüsemesser schälen (die Schale ist mit dem Fruchtfleisch verwachsen!). Dann der Länge nach mit einem Kartoffelschäler, einer Gemüse-Mandoline oder einer Aufschnittmaschine in 1–2 mm dünne Scheiben schneiden.

Ausreichend Öl in einem Topf erhitzen. Die Kochbananen darin portionsweise ca. 2 Minuten frittieren. Mit einer Schaumkelle aus dem Topf nehmen und auf Küchenpapier abtropfen lassen. Dann mit Tandoori-Masala und etwas Salz bestreuen und servieren.

Im Vergleich zu den Falafel aus dem Orient dominiert hier die Sauce. Es ist das bekannteste Streetfood aus Bahia. Es wird dort in reichlich orangefarbenem Palmöl frittiert und mit Vatapá (Garnelenpüree) gefüllt, dazu gibt es natürlich eine scharfe Sauce. Köstlich! Allerdings für den europäischen Magen etwas ungewohnt. Hier meine Acarajé-Version: ideal als Party-Häppchen, macht satt und glücklich!

ACARAJÉ MIT SCHARFER PIRI-PIRI-SAUCE

FALAFEL AUS SCHWARZAUGENBOHNEN

Für ca. 12 Bällchen

Acarajé
150 g Schwarzaugenbohnen*
1 Zwiebel
1 cm Ingwer
feines Meersalz
Pfeffer aus der Mühle
Öl oder Kokosfett zum Frittieren
3 EL Palmöl*

Piri-Piri-Sauce
3–5 rote kleine Birdeye-Chilischoten*
1 Knoblauchzehe
3 Frühlingszwiebeln
2 Korianderstängel mit Wurzel*
(ersatzweise glatte Petersilie)
1 TL feines Meersalz
100 ml neutrales Öl

außerdem
4 schöne Salatblätter

Für die Acarajé die Schwarzaugenbohnen mindestens 12 Stunden kalt einweichen. Am nächsten Tag die Bohnenhäute entfernen. Dafür mit beiden Händen eine Handvoll Bohnen im Einweichwasser gegeneinander reiben. Die Schalen werden so abgelöst und bleiben an der Wasseroberfläche, wo sie leicht entfernt werden können. Das Wasser mehrmals wechseln.

Zwiebel und Ingwer schälen, beides hacken und zusammen mit den Bohnen pürieren. Die Masse sollte nicht zu flüssig werden. Sie ist gerade richtig, wenn sie sich noch gut (wie ein dicker Brei) durchmischen lässt. Bei Bedarf vorsichtig ein wenig Wasser zufügen. Mit Salz und Pfeffer würzen. Das Öl mit dem Palmöl in einem Topf zum Frittieren erhitzen. Aus der Bohnenmasse mit zwei Esslöffeln kleine Nocken formen und diese portionsweise im heißen Öl goldbraun ausbacken. Herausnehmen und auf Küchenpapier abtropfen lassen.

Für die Piri-Piri-Sauce die Chilis waschen und grob hacken. Knoblauch schälen und klein schneiden. Frühlingszwiebeln und Koriander putzen, waschen und grob hacken. Alles mit Salz und Öl im Blitzhacker zerkleinern oder im Mörser zerstoßen. Dabei aufpassen, dass die Kerne der Chilis möglichst ganz bleiben. Die Mischung in einer Pfanne 2 bis 3 Minuten unter Rühren anbraten, kalt werden lassen und im Kühlschrank bis zu 1 Woche aufbewahren.

Jeweils drei heiße Acarajé auf ein Salatblatt legen und mit der Piri-Piri-Sauce anrichten.

Tipp – Sie können die Acarajébällchen auch mit gebratenen Garnelen servieren. Vorsicht bei der Verwendung von Chilis. Am besten direkt Hände und Arbeitsplatz waschen oder mit Handschuhen arbeiten.

GRATINIERTES KREBS-FLEISCH IN MUSCHELSCHALEN

Für 4 Portionen

½ Brötchen vom Vortag
80 ml Milch
150 g Krebsfleisch*
(ersatzweise bestes weißes
Fischfilet oder Garnelen)
je nach Größe 4–8 Muschelschalen, z. B. Jakobsmuscheln
Butter zum Einfetten
1 Zwiebel
2 Tomaten
1 rote Chilischote
4 Stängel glatte Petersilie
1 EL Butter
80 ml Kokosmilch
½ TL Palmöl*, nach Belieben
feines Meersalz
Pfeffer aus der Mühle
1 EL Paniermehl
1 EL fein geriebener Parmesan

außerdem
2 Limetten

Backofen auf 160 °C Ober- und Unterhitze vorheizen.

Für das gratinierte Krebsfleisch das Brötchen in Würfel schneiden, mit der Milch vermischen und ca. 10 Minuten einweichen lassen.

Das Krebsfleisch von den harten Panzerresten befreien, waschen und in einem Sieb abtropfen lassen. Die Muschelschalen mit Butter ausreiben.

Zwiebel schälen und klein hacken. Tomaten kreuzförmig einschneiden, mit kochendem Wasser überbrühen und die Haut abziehen. Dann den Blütenansatz sowie die Kerne entfernen und klein würfeln. Chilischote waschen, Kerne entfernen und ebenfalls in kleine Würfel schneiden. Petersilie waschen, trocken schütteln und mit den Stängeln fein hacken.

In einer Pfanne die Butter erhitzen und die Zwiebel und die Chilischote anschwitzen. Das Krebsfleisch zufügen und anbraten. Dann das eingeweichte Brötchen und die Kokosmilch zufügen und bei niedriger Hitze ca. 10 Minuten köcheln lassen. Die Tomaten und die Petersilie zufügen und nach Belieben mit Palmöl, Salz und Pfeffer abschmecken.

Paniermehl und Parmesan miteinander vermengen. Das Krebs-fleisch auf die Muschelschalen verteilen und mit der Brösel-Käse-Mischung bestreuen. Im Backofen ca. 10 Minuten gratinieren.

Das gratinierte Krebsfleisch mit geviertelten Limetten und frischem Brot servieren.

Dazu passt sehr gut die scharfe Piri-Piri-Sauce (s. Seite 63).

Tipp – Jakobsmuschelschalen kann man beim Fischhändler erwerben, aber die Beute vergangener Strandspaziergänge eignet sich natürlich auch. Sie sind sogar spülma-schinenfest und halten sich jahrelang.

Eine schnelle, leckere Suppe mit der man auch Gäste beeindrucken kann. Die Gemüsebrühe mache ich übrigens nicht immer selbst, sondern verwende eine gute körnige Brühe aus dem Bioladen, die ich z.B. mit Zitronengras, Ingwer, Currypulver, einem Schuss Zitronensaft und Zucker verfeinere. Wichtig ist es, auf die Balance der Zutaten zu achten. Niemand verdächtigt mich jemals, die Brühe nicht selbst gemacht zu haben (außer Ihnen jetzt!).

CREMIGE TAROWURZELSUPPE

Für 4 Portionen

1 Stange Staudensellerie
1 Möhre
400 g mehligkochende Kartoffeln
400 g Tarowurzeln*
1 Zwiebel
2 EL Olivenöl
100 ml Weißwein
1 l Gemüsebrühe
150 ml Sahne
feines Meersalz
Pfeffer aus der Mühle
2 EL Zitronensaft
1 Prise Zucker
½ TL Currypulver
½ Bund Schnittlauch

Sellerie putzen, waschen und in Scheiben schneiden. Möhre, Kartoffeln, Tarowurzeln und Zwiebel schälen und in Würfel schneiden.

In einem großen Topf Olivenöl erhitzen und die Zwiebel, das Gemüse und die Kartoffeln anschwitzen. Mit Weißwein ablöschen und mit der Gemüsebrühe aufgießen. Aufkochen und bei niedriger Hitze ca. 15 Minuten leicht köcheln lassen.

Die Suppe dann pürieren und die Sahne unterrühren. Bei Bedarf noch etwas Gemüsebrühe zugießen. Mit Salz, Pfeffer, Zitronensaft, Zucker und Currypulver abschmecken.

Schnittlauch waschen, trocken schütteln, in Röllchen schneiden und vor dem Servieren über die Suppe streuen.

Variante – Wenn Sie keine Tarowurzeln bekommen, können Sie stattdessen Süßkartoffeln oder Maniok verwenden.

Diese cremige, wunderbar aromatische Suppe kommt mit wenigen
Zutaten aus. Probieren Sie einfach!

Caldo de Sururú

MIESMUSCHELSUPPE MIT KORIANDER UND CHILI

Für 4 Portionen

1 kg Miesmuscheln
400 g Riesengarnelen, ohne Schale
und Kopf
2 Knoblauchzehen
1 rote Chilischote
3 Korianderwurzeln*
feines Meersalz
2 Zwiebeln
4 EL Olivenöl
2 Tomaten
500 ml Wasser
100 ml Weißwein
400 g gekochte Kartoffelwürfel
100 ml Kokosmilch
(ersatzweise 50 ml Sahne)
Pfeffer aus der Mühle
1 Prise Zucker
Saft von ½ Limette

Muscheln unter fließendem Wasser gründlich waschen, geöffnete
Muscheln aussortieren und entsorgen. Garnelen waschen und trocken tupfen, längs einschneiden und den Darm entfernen.

Knoblauch schälen, Chilischote waschen, Kerne entfernen und beides klein schneiden. Korianderwurzeln waschen und grob hacken.
Gemeinsam mit Knoblauch, Chili und 1 gestrichenem EL Salz in
einen Mörser geben und zu einer Paste zerreiben.

Zwiebeln schälen und in kleine Würfel schneiden. In einem Topf
Olivenöl erhitzen, die Zwiebeln und die Paste darin unter ständigem
Rühren anbraten.

Tomaten waschen, Blütenansatz entfernen und in Würfel schneiden. Zusammen mit den Muscheln und den Garnelen zu der Zwie-
belmischung geben. Mit Wasser und Weißwein aufgießen, aufkochen und zugedeckt bei niedriger Hitze ca. 5 Minuten garen, bis sich
die Muscheln öffnen. Anschließend die Muscheln und die Garnelen
mithilfe eines Schaumlöffels aus dem Sud nehmen. Geschlossene
Muscheln aussortieren und entsorgen.

Die gekochten Kartoffelwürfel mit der Kokosmilch zum Muschelsud
geben und alles pürieren. Muscheln und Garnelen wieder zufügen
und die Flüssigkeit etwas einkochen. Mit Salz, Pfeffer, Zucker und
Limettensaft abschmecken.

Tipp – Wenn Sie Gäste haben, können Sie die Muscheln ganz öffnen, das Fleisch
mithilfe eines Teelöffels herauslösen und die Schalen entsorgen.

Das wohl bekannteste und einfachste afrobrasilianische Gericht. Wie es bei Wurst oder Bier in Deutschland regionale Vorlieben gibt, hat beinahe jede Küstenstadt in Brasilien ihr eigenes Moqueca-Rezept und glaubt, es sei das allerbeste. Mal wird es mit mehr, mal mit weniger Kokosmilch serviert, manche verzichten auf Palmöl, andere bereiten es besonders scharf zu. Nicht aus diplomatischen, sondern aus Geschmacksgründen ist mein Rezept ein guter Kompromiss zwischen diesen unterschiedlichen Variationen.
Sie können aber natürlich auch die Zutaten so kombinieren, wie es Ihnen am besten schmeckt und Ihre eigene Version (er-)finden. Nehmen Sie sich diese Freiheit, und fügen Sie Ihr Lieblingsgemüse oder neue Kräuter mit dazu. Bom apetite!

MOQUECA DE PEIXE

BRASILIANISCHER FISCHEINTOPF

Für 4 Portionen

Marinade
2 Knoblauchzehen
1 rote Chilischote
¼ Bund Koriander mit Wurzeln*
2 TL feines Meersalz
Saft von 1 Limette

Fischtopf
800 g festfleischige Meeresfischfilets, z. B. Dorsch, Rot- oder Seebarsch, Seeteufel
½ kg Garnelen, geschält und ohne Kopf
300 g Zwiebeln
3 Tomaten
5 EL Olivenöl
150 ml Kokosmilch
feines Meersalz
Pfeffer aus der Mühle
1 EL Palmöl*
2 EL gehackter Koriander oder glatte Petersilie

Für die Marinade Knoblauch schälen und klein schneiden. Chilischote waschen, Kerne entfernen und klein schneiden. Koriander waschen, trocken schütteln und vollständig klein schneiden. Alles mit Salz in einem Mörser zu einer Paste verarbeiten. Zum Schluss den Limettensaft zufügen.

Für den Fischtopf die Fischfilets gegebenenfalls entgräten, waschen, trocken tupfen und klein schneiden. Die Garnelen ebenfalls waschen und trocken tupfen. Alles mit der Marinade vermengen und mindestens 1 Stunde im Kühlschrank ziehen lassen.

Zwiebeln schälen und in Scheiben schneiden. Tomaten waschen, Blütenansatz entfernen und ebenfalls in Scheiben schneiden. In einem schweren Topf aus Ton oder Gusseisen das Olivenöl erhitzen. Die Zwiebeln zufügen und anschwitzen, dann die Tomatenscheiben zugeben.

Den Fisch und die Garnelen samt Marinade zufügen und bei niedriger Hitze mit geschlossenem Deckel ca. 3 Minuten dünsten. Dann die Kokosmilch unterrühren und weitere 2 Minuten bei niedriger Hitze köcheln lassen, bis der Fisch gar ist. Mit Salz, Pfeffer und Palmöl abschmecken.
Mit gehacktem Koriander oder Petersilie bestreuen und servieren.

Dazu passt Reis.

Tipp – Damit der Fisch möglichst ganz bleibt, sollten Sie bei diesem Gericht so wenig wie möglich rühren.

Variante – Wer mag, kann den Eintopf noch mit
Miesmuscheln ergänzen.

Dieses unglaublich feine Rezept scheint komplizierter als es ist. Es klappt garantiert – selbst bei unerfahrenen Köchen. Maniok und Garnelen harmonisieren so gut, dass bei dieser Kombination einfach nichts schiefgehen kann.

Bobó de Camarão

GARNELEN-MANIOK-SPEZIALITÄT

Für 4 Portionen

1 kg tiefgefrorene küchenfertige Garnelen
1 rote Chilischote
2 Knoblauchzehen
2 Stängel Koriander mit Wurzel*
feines Meersalz
300 g Maniokwurzel*
300 ml Kokosmilch
200 g Tomaten mit Saft (aus der Dose)
200 g Zwiebeln
7 EL Olivenöl
Pfeffer aus der Mühle
1 TL Palmöl*, nach Belieben
1 großes Bund glatte Petersilie

Die Garnelen auftauen lassen, waschen und trocken tupfen.

Die Chilischote waschen, die Knoblauchzehen schälen. Koriander waschen, trocken schütteln, grob hacken und mit Chili, Knoblauch sowie 1 EL Salz in einem Mörser zu einer groben Paste zerstoßen. Die Paste mit den Garnelen vermengen und mindestens 10 Minuten ziehen lassen. Danach die Garnelen aus der Marinade nehmen und diese beiseitestellen.

Den Maniok schälen und in ca. 5 cm große Stücke schneiden. Diese wie Kartoffeln in einem Topf mit reichlich Wasser weich kochen. Ist der Maniok gar, aus dem Wasser nehmen, längs halbieren und dabei die harte Faser in der Mitte entfernen. Mit Kokosmilch, Tomaten und der beiseitegestellten Garnelen-Marinade im Mixer zu einer cremigen Konsistenz pürieren. Bei Bedarf noch etwas Wasser zugeben.

Die Zwiebeln schälen und fein hacken. In einem Topf das Olivenöl erhitzen und die Zwiebeln darin glasig anschwitzen. Die Garnelen zufügen und kurz anbraten. Dann die sämige Maniok-Kokos-Mischung zugießen und ca. 5 Minuten bei niedriger Hitze köcheln lassen. Mit Pfeffer und nach Belieben mit Palmöl abschmecken.

Petersilie waschen, trocken schütteln, Blätter und feine Stängel fein hacken und vor dem Servieren über das Bobó streuen.

Dazu passt Reis oder Piri-Piri-Sauce (s. Seite 63).

Variante – Ebenfalls beliebt ist das Bobó de Frango, Hähnchen-Bobó. Wenn Sie also variieren möchten, ersetzen Sie einfach in diesem Rezept Garnelen durch gewürfeltes Hähnchenbrustfilet.

Natürlich erwarte ich nicht, dass Sie im Küchenschrank einen Dachziegel parat haben. Sie können den Fisch auch in einer Auflaufform zubereiten. Aber – hier unter uns: Der Dachziegel wirkt so überraschend auf Gäste, dass sich der Weg zum nächsten Baumarkt lohnt!

GEFÜLLTER FISCH IM DACHZIEGEL GEBACKEN

Für 2 Portionen

1 kg küchenfertiger ganzer Fisch, z. B. Wolfsbarsch, Dorade, Sackbrasse, Rotbarsch, Dorsch, Schellfisch
feines Meersalz
Pfeffer aus der Mühle
1 Zwiebel
1 Knoblauchzehe
1 Bund gemischte Kräuter, z. B. Thymian, Basilikum, Rosmarin, glatte Petersilie
120 g Butter
80 g Maniok*- oder Paniermehl

außerdem
1 Bananenblatt*
Öl zum Bestreichen
1 Dachziegel

Den Backofen auf 180 °C Ober- und Unterhitze vorheizen.

Den Fisch waschen und trocken tupfen. Innen wie außen salzen und pfeffern.

Für die Füllung Zwiebel und Knoblauch schälen und klein hacken. Kräuter waschen, trocken schütteln, Blätter bzw. Nadeln abzupfen und fein hacken. In einem Topf Butter erhitzen, Zwiebel und Knoblauch anschwitzen. Dann das Maniokmehl zugeben, unter Rühren kurz anrösten, Kräuter zugeben, salzen und pfeffern und den Fisch damit füllen.

Das Bananenblatt unter fließendem Wasser kurz abbrausen, dann mit etwas Öl bestreichen und den gefüllten Fisch darin einwickeln.

Einen Dachziegel oder eine Auflaufform mit Öl bestreichen und darin den Fisch im Backofen ca. 40 Minuten garen.

Dazu passen Reis und Salsa Criolla (s. Seite 20), Mango-Chili-Sauce (s. Seite 13) oder wenn Sie eine mediterrane Note mögen das Kapern-Dressing (s. Seite 46).

Tipp – Wenn Sie keine frischen Bananenblätter bekommen, können Sie auch tiefgefrorene verwenden.

Karibische Küche

Wenn hier in Deutschland tiefster Winter herrscht, träume ich wie die meisten von weißen Sandstränden, viel Sonne und türkisfarbenem Meer. Dann tröste ich mich mit den kulinarischen Genüssen der Karibik. Was mir besonders gut gefällt, sind die französischen Elemente, die den Gerichten oft die besondere Note geben.

Mein absoluter Favorit in diesem Kapitel sind die knusprigen Palmherzrollen. Dieses Rezept kommt mit wenigen Zutaten aus und trotzdem entfaltet sich auf der Zunge eine wahre Geschmacksexplosion, wenn Sie hineinbeißen. Erst kommt die knackige Schicht des frittierten Frühlingsrollenteigs, dann das Kohlrabiblatt und ein wenig würziger Parmesan und zum Schluss die in feinem Thymian- und Rosmarinöl gewendeten Palmherzen. Einfach köstlich!

Kohlrabiblätter sind in Europa ein guter Ersatz für die Callaloo Blätter (Blätter des Taro-Strauchs), die man in Brasilien für dieses Gericht verwendet. Spinat, blanchierter Mangold oder große Basilikumblätter gehen ebenfalls. Ich jedoch bevorzuge das leuchtende Grün der Kohlrabiblätter. Einfach mal den Gemüsehändler fragen!

KNUSPRIGE PALMHERZROLLEN

Für 12 Stück

Thymian-Rosmarin-Gewürz
½ Bund Rosmarin
½ Bund Thymian
1 Knoblauchzehe
½ rote Chilischote
1 EL feines Meersalz
Abrieb von 1 unbehandelten Limette
7 EL Olivenöl

Palmherzrollen
12 Blätter Frühlingsrollenteig*
(21,5 × 21,5 cm)
12 große Kohlrabiblätter
1 Dose (800 g) Palmherzen*
(6 Stangen)
100 g Parmesan
1 Eiweiß
Öl zum Frittieren

Für die Gewürzmischung Rosmarin und Thymian waschen, trocken schütteln und die Nadeln bzw. die Blätter abzupfen und fein hacken. Knoblauch schälen und grob hacken. Chili waschen, Kerne entfernen und ebenfalls grob hacken. Zusammen mit Salz und dem Schalenabrieb in einer Küchenmaschine fein pürieren. Mit Olivenöl verrühren, sodass eine cremige Konsistenz entsteht.

Für die Palmherzrollen die Frühlingsrollenteigblätter nebeneinander mit einem sauberen Küchenhandtuch abgedeckt auftauen lassen, damit sie nicht austrocknen. Die Kohlrabiblätter waschen, in kochendem Wasser kurz garen, herausnehmen und trocken tupfen. Die Palmherzen abtropfen lassen, trocken tupfen und längs halbieren. Den Parmesan mit einem Sparschäler in lange Späne schneiden.

Die Palmherzen rundum im Thymian-Rosmarin-Gewürz wenden, sodass sie von allen Seiten bedeckt sind. Dann von allen Seiten mit den Parmesanspänen bedecken. Erst im Kohlrabiblatt, dann im Frühlingsrollenteig einrollen. Dafür zunächst die Ränder mit Eiweiß bepinseln, den oberen Rand umklappen, dann die seitlichen Ränder einschlagen und fest aufrollen.

Ausreichend Öl erhitzen und die Röllchen darin portionsweise frittieren. Anschließend kurz auf Küchenpapier abtropfen lassen und sofort mit Pesto oder Tomaten-Ingwer-Konfitüre (s. Seite 37) servieren.

Tipp – Mit Öl bedeckt können Sie die Thymian-Rosmarin-Gewürzmischung einige Wochen im Kühlschrank lagern. Alternativ eignet sich zu den Röllchen auch Pesto.

Möhren-Geflügel-Frikadellen

MIT KRÄUTER-ANANAS-RELISH

Für 4 Portionen

Relish
½ Ananas
1 rote Chilischote
1 rote Zwiebel
2 EL Limettensaft
1–2 TL brauner Zucker
feines Meersalz
Pfeffer aus der Mühle
4 Stängel Koriander
4 Stängel Minze

Geflügel-Frikadellen
1 Knoblauchzehe
1 cm Ingwer
½ rote Chilischote
½ TL Koriandersamen
1 Stängel Koriander
½ TL Kreuzkümmelsamen
feines Meersalz
Pfeffer aus der Mühle
250 g Möhren
400 g Geflügelhackfleisch
1 Ei
2–3 EL Paniermehl
3–4 EL Butterschmalz

Für das Relish Ananas schälen, den harten Mittelteil entfernen und das Fruchtfleisch in kleine Würfel schneiden. Chilischote waschen, Kerne entfernen und ebenfalls klein würfeln. Zwiebel schälen und in kleine Würfel schneiden.

Ananas-, Zwiebel- und Chiliwürfel mit Limettensaft, Zucker sowie Salz und Pfeffer vermengen und mindestens 1 Stunde ziehen lassen. Koriander und Minze waschen, trocken schütteln, Blätter abzupfen und fein hacken. Vor dem Servieren untermengen.

Für die Frikadellen Knoblauch und Ingwer schälen und grob hacken. Chili waschen, Kerne entfernen und grob zerkleinern. Alles mit Koriandersamen und -blättern, Kreuzkümmel, Salz und Pfeffer vermengen und im Mörser zu einer Paste zerreiben.

Möhren putzen, schälen und fein reiben. Zusammen mit dem Geflügelhack, der Gewürzpaste sowie dem Ei und dem Paniermehl vermengen und zu Frikadellen formen.

In einer Pfanne das Butterschmalz erhitzen und die Frikadellen darin von beiden Seiten braten. Zusammen mit dem Relish anrichten.

Tipp – Geflügelhackfleisch gibt es im gut sortierten Supermarkt, alternativ können Sie auch Hähnchenbrustfilet sehr fein hacken oder durch den Wolf drehen. Selbstverständlich können Sie aber auch auf Rinderhackfleisch zurückgreifen.

Ceviche gibt es in den meisten karibischen Ländern. Poisson cru heißt eine verwandte Zuberei-
tungsart auf den polynesischen Inseln, die gehören zwar nicht zur Karibik, aber die Version mit
Kokosmilch und Gemüse ist köstlich.

Tartare de Poisson cru
MIT TOMATEN-AVOCADO-TATAR

Für 4 Portionen

Tartare de Poisson cru
400 g Seezungenfilets ohne Haut
(ersatzweise Wolfsbarsch oder
Seeteufel)
1 rote Chilischote
Saft von ½ Limette
2 Schalotten
1 Möhre
100 ml Kokosmilch
feines Meersalz
Pfeffer aus der Mühle
2 EL Olivenöl

Tomaten-Avocado-Tatar
3 Tomaten
1 Avocado, am besten
Hass-Avocado
1 Bund Frühlingszwiebeln
1 rote Chilischote
1 EL Limettensaft
1 EL Olivenöl
feines Meersalz
Pfeffer aus der Mühle
1 Stängel Koriander

außerdem
nach Belieben Sprossen zum
Garnieren, z. B. Alfalfa

Für das Tartare de Poisson cru die Seezungenfilets gegebenenfalls
entgräten, waschen, trocken tupfen und in kleine Würfel schneiden.

Die Chilischote waschen, Kerne entfernen und ebenfalls klein
würfeln. Mit dem Limettensaft vermengen. Schalotten und Möhre
schälen, die Schalotten in feine Streifen schneiden, die Möhre klein
würfeln. Alles mit dem Fisch vermengen und mindestens 1 Stunde
im Kühlschrank marinieren.

Anschließend die Kokosmilch untermischen und mit Salz und Pfeffer
abschmecken. Das Tartare abtropfen lassen und die Marinade dabei
auffangen. Diese mit Olivenöl aufschlagen und beiseitestellen.

Für das Avocado-Tatar die Tomaten waschen, Blütenansatz und
Kerne entfernen und in Würfel schneiden. Avocado halbieren, Stein
entfernen, schälen und ebenfalls würfeln. Frühlingszwiebeln putzen,
waschen und in Ringe schneiden. Chili waschen, Kerne entfernen
und klein hacken. Alles vorsichtig mit Limettensaft und Öl vermengen und mit Salz und Pfeffer würzen.
Koriander waschen und trocken schütteln. Alles klein hacken und
kurz vor dem Servieren zum Avocado-Tatar geben.

Nach Belieben in Muschelschalen oder Servierringen anrichten. Bei
den Ringen zunächst das Avocado-Tatar in den Ringen auf Tellern
verteilen, dann darauf das Tartare de Poisson cru. Mit der restlichen
Marinade beträufeln und nach Belieben mit Sprossen
garnieren.

Tipp – Achten Sie bei der Verarbeitung von Avocados darauf, dass Sie sie nach dem
Aufschneiden direkt mit Zitronen- oder Limettensaft beträufeln, damit sie nicht braun
werden. Ein alter Trick: Legen Sie den Avocadostein zu den Avocados, das hilft auch.

Eine schnell gezauberte Suppe, die sehr gut zum geräucherten Fisch passt.
Die Brühe dafür muss nicht unbedingt immer selbst gemacht werden. Ich habe meist weder die
Zeit noch die Geduld dafür, deshalb nehme ich eine gute Bio-Instant-Brühe. Sie kommt direkt mit
dem Wasser in die Suppe – das klappt ganz wunderbar. Wichtig ist natürlich das Abschmecken
am Ende, wie unten beschrieben.

ZITRONENGRAS-KARTOFFEL-SUPPE

MIT FENCHEL-MAKRELEN-TATAR

Für 4 Portionen

Zitronengras-Kartoffelsuppe
600 g mehligkochende Kartoffeln
1 mittelgroße Zwiebel
1 Knoblauchzehe
1 Korianderwurzel*
2 Stängel Zitronengras*
2 EL Butter
1 l Geflügelfond oder
Gemüsebrühe
100 ml Sahne
1 EL Saft und den Abrieb von
1 unbehandelten Limette
½ TL Zucker
½ TL Currypulver
etwas Cayennepfeffer
feines Meersalz
Pfeffer aus der Mühle
1 Bund Schnittlauch

Fenchel-Makrelen-Tatar
100 g geräuchertes Makrelenfilet
4 Frühlingszwiebeln
2 mittelgroße Gewürzgurken
½ mittelgroße Fenchelknolle
3 Stängel Dill
Tabasco
feines Meersalz
Pfeffer aus der Mühle

Für die Suppe Kartoffeln schälen, waschen und in Würfel schneiden. Zwiebel schälen und ebenfalls würfeln. Knoblauch schälen und hacken. Korianderwurzel waschen und ebenfalls hacken. Zitronengras waschen, die äußeren Blätter entfernen und den hellen, weichen Teil klein hacken.

In einem Topf die Butter erhitzen und Zwiebel, Knoblauch und Korianderwurzel kurz andünsten. Die Kartoffeln zugeben und ca. 2 Minuten unter ständigem Rühren andünsten. Mit Fond bzw. Brühe ablöschen. Das Zitronengras zugeben und bei niedriger Hitze garen, bis die Kartoffeln weich sind. Die Sahne zufügen und die Suppe mit einem Pürierstab fein pürieren. Dann durch ein Sieb passieren und mit Limettensaft sowie -abrieb, Zucker, Curry, Cayennepfeffer, Salz und Pfeffer abschmecken.

Schnittlauch waschen, trocken schütteln und in Röllchen schneiden. Diese kurz vor dem Servieren über die Suppe streuen.

Für das Tatar die Makrele häuten und mithilfe einer Gabel zerdrücken. Frühlingszwiebeln putzen und waschen. Nur das Weiße in Ringe schneiden. Die Gurken klein würfeln. Fenchel putzen, waschen und ebenfalls in kleine Würfel schneiden. Dill waschen, trocken schütteln und fein hacken. Alles mit einigen Tropfen Tabasco vermengen und mit Salz und Pfeffer abschmecken.

In kleine Schälchen füllen und zusammen mit frischem Baguette zur Suppe servieren.

Info – Mehligkochende Kartoffeln besitzen einen höheren Stärkegehalt und eignen sich sehr gut für die Zubereitung von Suppen.

Die Portugiesen waren weltweit präsent, zumindest auf kulinarischem Gebiet. So haben sie fast überall den Stockfisch eingeführt. Um das Salz zu entfernen, müssen Sie den Fisch 24–48 Stunden in Wasser einweichen, dabei das Wasser drei- bis viermal wechseln. Tipp: Es gibt Stockfisch gewässert auch in spanischen Lebensmittelgeschäften tiefgekühlt zu kaufen.

STOCKFISCH

MIT ROSMARIN-KICHERERBSENPÜREE

Für 4 Portionen

Stockfisch
500 g Stockfisch
3 EL Milch

Kichererbsenpüree
250 g getrocknete Kichererbsen
3 Knoblauchzehen
2 EL Olivenöl
Thymian-Rosmarin-Gewürz
(s. Seite 76)
ca. 400 ml Gemüsebrühe
1 ½ EL Butter
feines Meersalz
Pfeffer aus der Mühle

Tomaten-Ingwer-Relish
7 große Tomaten
1 Knoblauchzehe
1 cm Ingwer
3 Zweige Thymian
feines Meersalz
Pfeffer aus der Mühle
2 EL Zucker
Olivenöl

außerdem
Olivenöl zum Beträufeln

Den Stockfisch mindestens 24, besser 48 Stunden, gekühlt wässern. Dabei das Wasser mehrmals wechseln. Die Kichererbsen über Nacht in kaltem Wasser einweichen.

Anschließend die Kichererbsen abgießen und in reichlich Wasser bei mittlerer Hitze nach Packungsanweisung garen.

Backofen auf 180 °C Ober- und Unterhitze vorheizen.

Knoblauch schälen und fein hacken. In einer Pfanne mit Öl kurz andünsten. Die Kichererbsen und das Thymian-Rosmarin-Gewürz zugeben. Mit Brühe ablöschen, kurz aufkochen und dann pürieren. Zum Schluss die Butter in kleinen Stücken einrühren. Mit Salz und Pfeffer abschmecken.

Für das Relish die Tomaten kreuzförmig einschneiden, mit kochendem Wasser überbrühen und die Haut abziehen. Dann den Blütenansatz sowie die Kerne entfernen und die Tomaten in kleine Würfel schneiden. Knoblauch und Ingwer schälen und fein hacken. Thymian waschen, trocken schütteln, die Blättchen abzupfen und hacken. Alles mit Salz, Pfeffer, Zucker und Olivenöl vermengen. Im Backofen ca. 10 bis 15 Minuten backen.

Den Stockfisch abtropfen lassen und in einem Topf mit der Milch ca. 5 Minuten garen, bis das Fleisch weich ist. Den Fisch putzen und filetieren, dabei Haut und Gräten entfernen. In 4 Stücke oder Häufchen teilen.

Mit dem Kichererbsenpüree und dem Tomaten-Relish auf Tellern anrichten und mit etwas Thymian-Rosmarin-Gewürz und Olivenöl beträufelt servieren.

Zubereitungstipp – Gerne können Sie auch auf bereits gegarte Kichererbsen aus der Dose zurückgreifen.

Dorade im Bananenblatt
MIT KORIANDER-ZITRUS-MARINADE

Für 4 Portionen

Koriander-Zitrus-Marinade
3 unbehandelte Zitronen
2 Knoblauchzehen
2 cm Ingwer
2 Korianderwurzeln*
1 TL Kreuzkümmelsamen
1 TL Fenchelsamen
1 TL Koriandersamen
1 TL Zucker
Cayennepfeffer
150 ml Olivenöl
feines Meersalz
Pfeffer aus der Mühle

Dorade
2 Bananenblätter*
1 ½ kg küchenfertige Dorade
1 Schalotte
2 rote Chilischoten
2 Stängel Koriander

Für die Koriander-Zitrus-Marinade die Zitronen heiß abwaschen, gut abtrocknen und die Schale von 2 Zitronen abreiben. Alle Zitronen dann schälen, sodass die weiße Haut komplett entfernt wird. Den Saft dabei auffangen. Das Fruchtfleisch in kleine Würfel schneiden und beiseitestellen.

Knoblauch sowie Ingwer schälen und klein hacken. Korianderwurzeln putzen, waschen und ebenfalls klein hacken. Kreuzkümmel-, Fenchel- und Koriandersamen fein mörsern. Alles mit Zitronenabrieb, Zucker und Cayennepfeffer vermischen. Olivenöl und Zitronenwürfel zugeben und mit Salz und Pfeffer abschmecken.

Die Bananenblätter auf einer Arbeitsfläche auslegen und mit einem feuchten Küchenpapier von beiden Seiten sauber abwischen.

Den Backofen auf 200 °C Ober- und Unterhitze vorheizen. Ein Backblech mit Backpapier belegen.

Den Fisch waschen und trocken tupfen. Mit einem scharfen Messer von beiden Seiten etwa 0,5 cm tief einschneiden. Rundherum und von innen und außen mit der Hälfte der Marinade würzen und ihn dann in ein Bananenblatt wickeln. Dann mit dem zweiten Blatt umwickeln. Auf dem Backblech im Backofen ca. 20 Minuten garen.

Schalotte schälen und in feine Würfel schneiden. Chilis waschen, Kerne entfernen und fein würfeln. Koriander waschen, trocken schütteln und mit den Stängeln fein hacken. Zur restlichen Marinade geben und gut verrühren.

Den gegarten Fisch aus den Bananenblättern lösen und mit der restlichen Marinade beträufelt servieren. Dazu passt Reis.

Tipp – Falls Sie keine Bananenblätter bekommen, können Sie den Fisch auch ohne zubereiten, eine weitere Alternative wäre den Fisch in einem Bratschlauch oder in Alufolie zu garen.

Ein schöner, frischer Snack für den Sommer. Wer keinen rohen Fisch mag, nimmt einfach Büffelmozzarella! Die Sauce lässt sich ganz schnell mixen oder Sie nehmen ein gutes Pesto. Wer wenig Zeit hat, kann auf die Variante mit dem Fladenbrot zurückgreifen. Derjenige, der die italienische Alternative bevorzugt, nimmt „echten" Pizzateig – Rezept: siehe unten.

KREOLISCHE „PIZZA" MIT LACHS-SASHIMI

Für 4 Portionen

Sauce
4 Schalotten
1 großes Bund Basilikum
1 EL Kapern
1–2 rote Chilischoten
½ Knoblauchzehe
Saft von ½ Limette
8 EL Olivenöl
feines Meersalz
Pfeffer aus der Mühle

Pizza
1 türkisches Fladenbrot oder italienisches Ciabatta (oder 250 g Pizzateig s. u.)
1 Knoblauchzehe
2 sehr reife Tomaten
1 Bund Rucola
500 g frisches küchenfertiges Lachsfilet ohne Haut
schwarzer Sesam

Für die Sauce die Schalotten schälen und fein würfeln. Basilikum waschen, trocken schütteln, die Blätter abzupfen und fein hacken. Kapern abtropfen lassen und ebenfalls fein hacken. Chilischoten waschen, Kerne entfernen und fein hacken. Knoblauch schälen und pressen. Alles mit Limettensaft und Öl vermengen und mit Salz und Pfeffer abschmecken.

Den Backofen auf 200 °C Ober- und Unterhitze vorheizen. Das Fladenbrot halbieren und aufschneiden, sodass vier längliche Stücke entstehen. Mit der aufgeschnittenen Seite nach oben auf ein Backblech legen. Im Backofen ca. 5 Minuten rösten.

Knoblauch halbieren und die Oberseite des Fladenbrots damit einreiben. Die Tomaten waschen, halbieren und die Tomatenhälften so über das Fladenbrot reiben, dass sich das Fruchtfleisch auf dem Brot verteilt. Die übriggebliebene Schale entsorgen.

Rucola putzen, waschen und trocken schleudern. Die Blätter auf die Fladenbrote legen. Lachs waschen, trocken tupfen, in dünne Scheiben wie Sashimi aufschneiden und ebenfalls auf der Pizza verteilen. Die Sauce darauf geben und mit Sesam bestreut servieren.

PIZZATEIG

400 g gesiebtes Mehl
½ Würfel frische Hefe
2 EL Olivenöl
250 ml lauwarmes Wasser
1 TL feines Meersalz
Mehl zum Bearbeiten

Alle Zutaten in eine Schüssel geben und mindestens 5 Minuten gut durchkneten. Den Teig an einem warmen Ort gehen lassen, bis er sich verdoppelt hat.

Den Backofen auf 220 °C Ober- und Unterhitze vorheizen. Den Teig in 4 Portionen teilen, zu Kugeln formen, auf einer bemehlten Arbeitsfläche ganz dünn ausrollen und unbelegt ca. 8 bis 10 Minuten backen. Die Pizza dann wie oben beschrieben belegen und servieren.

Tipp – Dieser Teig ist mein Standardrezept, der sich nach Lust und Laune abwandeln lässt. Der Belag kann je nach Saison variieren.

Auf Jamaika wird Jerk-Gewürz traditionell verwendet, um Fleisch haltbar zu machen. Schwein und Geflügel sind dabei die bevorzugten Fleischsorten. Sie werden mit einer Gewürzmischung bestrichen, die auf jeden Fall Piment und Scotch Bonnet Chilis enthält. Jerk muss gegrillt werden und zwar möglichst über Holz.
Hierzu harmoniert Kokosreis besonders gut. Sie können auch Duft- oder Basmatireis verwenden.

Jamaikanisches Jerk-Chicken
MIT KOKOSREIS

Für 4 Portionen

Jerk-Gewürz
1 rote Chilischote, z.B. Scotch Bonnet
1 Zwiebel
1 Knoblauchzehe
2 Zweige Thymian
1 gehäufter TL geriebener Ingwer
1 TL Piment (Nelkenpfeffer)
1 TL Zimt
1 TL Rohrohrzucker
1 ½ EL feines Meersalz
3 EL Weißweinessig
6 EL Olivenöl
6 EL Sojasauce, nach Belieben

Hähnchen
1 kg küchenfertige Hähnchen-unterkeulen

Kokosreis
400 g Sushireis*
1 Knoblauchzehe
1 ½ TL feines Meersalz
400 ml Wasser
150 ml Kokosmilch

Für das Jerk-Gewürz die Chilischote waschen, Kerne entfernen und grob zerkleinern. Die Zwiebel und den Knoblauch schälen und klein schneiden. Den Thymian waschen, trocken schütteln, Blättchen abzupfen und fein hacken. Alles mit Ingwer, Piment, Zimt, Zucker und Salz in einem Mörser zerreiben. Zum Schluss Essig, Olivenöl und nach Belieben Sojasauce zugeben und verrühren. Alternativ können Sie auch alles in einem Mixer zu einer feinen Paste pürieren. Das übrige Gewürz hält sich gut verschlossen im Kühlschrank ca. 2 Wochen.

Die Hähnchenkeulen waschen und trocken tupfen. Gut mit dem Jerk-Gewürz einreiben und abgedeckt über Nacht im Kühlschrank marinieren lassen.

Am nächsten Tag idealerweise im Freien über Holzkohle grillen oder auf einem Backblech im vorgeheizten Backofen bei 180 °C Ober- und Unterhitze ca. 30 Minuten braten.

Für den Kokosreis den Reis unter fließendem, kalten Wasser waschen, bis das Wasser klar ist. Die Knoblauchzehe schälen und fein hacken.

Den Reis mit Knoblauch, Salz und Wasser aufkochen und bei niedriger Hitze zugedeckt köcheln, bis die gesamte Flüssigkeit verdampft ist. Die Kokosmilch zugießen und noch einige Minuten bei geschlossenem Deckel gar ziehen lassen. Wer es cremiger mag, gießt noch etwas Kokosmilch zum Reis.

Den Reis zusammen mit dem Jerk-Chicken anrichten.

Info – Scotch Bonnet Schoten sind die besten Chilis für dieses Gericht. Sie können auch Jalapeño Chilischoten verwenden oder Habanero, die aber sehr viel schärfer sind, sodass Sie sie vorsichtig einsetzen sollten.

Naher Osten im fernen Rio

Als berufstätige Mutter liebe ich die Rezepte aus diesem Kapitel. Zum einen mag ich diese Kreationen aus dem Nahen Osten mit brasilianischer Note, zum anderen sind sie ungemein praktisch: Quibe, Linsensuppe oder Grün-kern-Minze-Salat lassen sich wunderbar vorbereiten und zum Beispiel ins Büro oder zu Freunden mitnehmen. Und das Beste: Sie schmecken fantas-tisch! Der im Nahen Osten so beliebte Kreuzkümmel passt perfekt zu der Schärfe aus Chilischoten.

Mein Geheimtipp für Tage, an denen Sie Gäste bewirten: das Kaninchen in Cashewsauce.

Halloumispieße sind in Brasilien als Streetfood weit verbreitet. Die dort als „queijo coalho" bekannte Spezialität wird sogar an den Stränden angeboten. Die Verkäufer laufen am Strand entlang und tragen große Büchsen voller glühender Kohlen, die von einer über die Schulter gelegten Stange baumeln. Auf den Kohlen grillen sie die Spieße und servieren sie nach Wahl mit verschiedenen Kräutern, Chili, Ketchup und manchmal sogar mit Senf. Eine großartige Alternative zu den Unmengen an Fleisch, Fisch und Frittiertem, die sonst so angeboten werden.

HALLOUMI-SPIESSE MIT KRÄUTERPESTO-TOMATEN

Für 4 Portionen

Pesto
20 g Pinienkerne
1 Knoblauchzehe
1 Bund glatte Petersilie (ca. 20 g)
½ Bund Thymian (ca. 10 g)
2 große Bund Basilikum (ca. 50 g)
50 ml Olivenöl
2 EL Zitronensaft und Abrieb von
1 unbehandelten Zitrone
30 g frisch geriebener Parmesan
feines Meersalz
Pfeffer aus der Mühle

außerdem
3 mittelgroße Tomaten
3 EL Olivenöl
feines Meersalz
Pfeffer aus der Mühle
4 Scheiben Sauerteigbrot
1 Knoblauchzehe

Halloumispieße
250 g Halloumi*

Für das Pesto die Pinienkerne in einer Pfanne ohne Zugabe von Fett rösten. Einige Pinienkerne für die Dekoration beiseitestellen.

Den Knoblauch schälen und grob hacken. Die Petersilie, den Thymian und das Basilikum waschen, trocken schütteln, Blätter abzupfen und ebenfalls grob hacken. Alles mit Olivenöl, Zitronensaft und -abrieb sowie Pinienkernen in einem Mörser zu einem körnigen Pesto zerreiben. Den Parmesan unterrühren und mit Salz und Pfeffer abschmecken.

Die Tomaten waschen und den Blütenansatz entfernen. Zwei Tomaten halbieren, Kerne sowie das Fruchtfleisch mit einem Löffel auslösen und in eine Schüssel geben. Das Pesto in die ausgehöhlten Tomatenhälften füllen. Mit den übrigen Pinienkernen bestreuen.

Die dritte Tomate in kleine Würfel schneiden und mit dem Fruchtfleisch der anderen Tomaten sowie Olivenöl vermengen. Mit Salz und Pfeffer würzen.

Das Brot rösten, die Scheiben mit einer halbierten Knoblauchzehe einreiben und mit den Tomatenwürfeln belegen.

Für die Halloumispieße den Käse in vier Scheiben schneiden und diese auf Holzspieße stecken. In einer beschichteten Pfanne von allen Seiten braten oder in einer Grillpfanne grillen.

Die Spieße zusammen mit dem Brot und den mit Pesto gefüllten Tomatenhälften anrichten.

Info – Halloumi stammt ursprünglich aus Zypern. Die Käsespezialität kann auf unterschiedliche Art und Weise zubereitet werden – gebraten, gegrillt, frittiert oder gekocht.

Hier gibt der Grünkern dem Salat den besonderen Pfiff, da dieses Getreide einen so herrlich geräucherten Geschmack und Biss hat. Wichtig ist die große Menge an Petersilie, die ich übrigens mit Stängeln verwende. Es lohnt sich, die doppelte Menge zu machen, weil der Salat so gut schmeckt!

GRÜNKERN-MINZE-SALAT AUF WEINBLÄTTERN

Für 4 Portionen

140 g Grünkern*
360 ml Wasser
4 Tomaten
4–5 Frühlingszwiebeln
1 großes Bund glatte Petersilie
6 Stängel Minze
8 EL Olivenöl
feines Meersalz
Pfeffer aus der Mühle
Saft von 1 Zitrone
4 frische oder eingelegte
Weinblätter*

Den Grünkern waschen und zusammen mit dem Wasser aufkochen. Bei mittlerer Hitze ca. 15 Minuten köcheln lassen, bis er gar, aber immer noch bissfest ist.

Tomaten kreuzförmig einschneiden, mit kochendem Wasser überbrühen, Haut, Blütenansatz sowie Kerne entfernen und in Würfel schneiden. Frühlingszwiebeln putzen, waschen und nur das Weiße in Ringe schneiden. Petersilie und Minze waschen, trocken schütteln, die Blätter von der Minze abzupfen und zusammen mit den Blättern und feinen Petersilienstängeln hacken. Alles mit dem Grünkern und dem Olivenöl vermengen und mit Salz, Pfeffer und Zitronensaft abschmecken.

Die Weinblätter auf den Tellern verteilen und den Grünkern-Salat auf den Blättern anrichten.

Variante – Statt Grünkern können Sie auch Bulgur, Couscous oder Quinoa verwenden.

Diese Suppe gehört nicht auf den Teller, sondern in Gläser, damit man die Farbkontraste bewundern kann. Hervorragend geeignet, um Gäste zu empfangen. Durch die Sojamilch bekommt der Schaum die ideale Konsistenz.

ROTE LINSENSUPPE MIT ZIEGENKÄSESCHAUM

Für 4 Portionen

Linsensuppe
100 g rote Linsen
1 Zwiebel
1 Knoblauchzehe
1 gehäufter EL Butter
500 ml Gemüsebrühe
¼ TL Kreuzkümmel
1 Prise Cayennepfeffer
feines Meersalz
Pfeffer aus der Mühle

Ziegenkäseschaum
200 ml Sojamilch
oder fettarme Milch
50 g Ziegenfrischkäse
1 EL Olivenöl
2 EL Zitronensaft
feines Meersalz
Pfeffer aus der Mühle

außerdem
edelsüßes Paprikapulver

Für die Suppe die Linsen unter fließendem Wasser waschen. Zwiebel und Knoblauch schälen und in Würfel schneiden. In einem Topf die Butter erhitzen, Zwiebel und Knoblauch zufügen und anschwitzen. Die Linsen zufügen und kurz mit anschwitzen. Dann Gemüsebrühe, Kreuzkümmel und Cayennepfeffer zugeben und ca. 15 Minuten bei mittlerer Hitze kochen, bis die Linsen gar sind. Alles pürieren und bei Bedarf noch etwas Wasser zufügen. Mit Salz und Pfeffer abschmecken.

Für den Ziegenkäseschaum Milch, Ziegenfrischkäse, Öl und Zitronensaft in einen Topf geben und aufkochen. Mit Salz und Pfeffer abschmecken und mit einem Pürierstab aufschäumen.

Die Suppe auf Gläser verteilen und mit dem Schaum garnieren. Mit etwas Paprikapulver bestreuen und sofort servieren.

Variante – Wenn Sie keinen Ziegenkäse mögen, können Sie den Schaum auch mit Naturfrischkäse oder 15 g fein geriebenem Parmesan zubereiten.

Wie es oft bei solch internationalen, kulinarischen Verflechtungen der Fall ist, kamen die Quibe als Kibbeh mit den syrisch-arabischen Einwanderern nach Brasilien. Meistens werden sie als birnenförmige Bulette in reichlich Öl frittiert. Hier eine Version, die im Ofen gebacken wird. Besonders bei Kindern sehr beliebt!

BRASILIANISCHE QUIBE MIT SESAMSAUCE

Für 4–6 Portionen

Quibe
200 g feiner brauner Bulgur*
1 mittelgroße Zwiebel
1 Knoblauchzehe
6 Stängel Minze
1 TL Kreuzkümmel
1 TL Zimt
feines Meersalz
Pfeffer aus der Mühle
Chilipulver
4 EL Olivenöl
500 g Lamm- oder
Rinderhackfleisch
Öl für die Form und
zum Beträufeln

Sesamsauce
½ Knoblauchzehe
100 g Tahin*
Saft von 1 Zitrone
1 Prise Chilipulver
½ EL feines Meersalz
Pfeffer aus der Mühle
80 ml Wasser

Für die Quibe den Bulgur waschen, in eine Schüssel mit Wasser geben und ca. 20 Minuten einweichen. Dann über einem Sieb abtropfen lassen und in einem sauberen Küchentuch ausdrücken.

Backofen auf 180 °C Ober- und Unterhitze vorheizen.

Die Zwiebel und die Knoblauchzehe schälen und klein schneiden. Die Minze waschen, trocken schütteln und die Blätter abzupfen. Zusammen mit Zwiebel, Knoblauch, Kreuzkümmel, Zimt, ½ EL Salz, Pfeffer, Chilipulver und Olivenöl in einem Mörser zu einer Paste zerreiben oder in einem Blitzhacker fein hacken. Die Paste mit dem Bulgur und dem Hackfleisch gut vermengen und mit Salz und Pfeffer würzen. Eine Auflaufform mit Öl einstreichen und die Masse darin gleichmäßig verteilen. Mit ein wenig Olivenöl beträufeln und im Backofen ca. 35 Minuten backen.

Für die Sesamsauce den Knoblauch schälen und pressen. Mit Tahin, Zitronensaft, Chilipulver, Salz, Pfeffer und Wasser zu einer glatten Sauce verrühren. Bei Bedarf noch etwas Wasser zufügen.

Die fertigen Quibe in Quadrate schneiden und warm mit der Sesamsauce servieren.

Tipp – Wenn Sie das Fleisch kaufen, lassen Sie es vom Metzger mehrmals (3 x) durch den Fleischwolf drehen oder hacken Sie es zu Hause im Blitzhacker zu einer feinen Konsistenz. Es sollte alles schon fast wie eine Paste sein.

HUMMUS

KICHERERBSENMUS

Für 4 Portionen

1 Dose (425 g) Kichererbsen
½ Knoblauchzehe
80 g Tahin*
4 EL Zitronensaft
80 ml kaltes Wasser
feines Meersalz
Cayennepfeffer
3 Stängel glatte Petersilie

Die Kichererbsen über einem Sieb abgießen, unter kaltem Wasser abspülen und dann abtropfen lassen. Die Knoblauchzehe schälen und pressen. Das Tahin im Glas gut umrühren, damit sich eine homogene Masse bildet. Dann zusammen mit Kichererbsen, Knoblauch, Zitronensaft und Wasser pürieren. Mit Salz und Cayennepfeffer abschmecken. Bei Bedarf noch etwas Wasser zufügen. Petersilie waschen, trocken schütteln, Blätter abzupfen und fein hacken. Über das Hummus streuen und servieren. Einfach etwas Brot dazu reichen.

Ein wahrer Augenschmaus. Ist aber nicht nur was zum Angucken, sondern auch zum Genießen!
Eine Beilage können Sie sich bei diesem Gericht sparen, hier haben Sie sowohl Fisch, Getreide
als auch Gemüse.

MIT COUSCOUS GEFÜLLTE ROTBARBEN

Für 4 Portionen

4 küchenfertige Rotbarben
(à ca. 150 g)
feines Meersalz
Pfeffer aus der Mühle
Saft von ½ Zitrone
2 EL feiner Couscous* (Instant)
3 EL Wasser
2 Bund Frühlingszwiebeln
1 Knoblauchzehe
1 mittelgroße Staude Mangold
12 entsteinte schwarze Oliven
3 Zweige Thymian
4 EL Olivenöl
½ TL Cayennepfeffer
60 ml Weißwein

Die Rotbarben vom Fischhändler entschuppen, halbieren und das Rückgrat mit den Gräten entfernen lassen, jedoch so, dass der Schwanz noch dran bleibt. Die Fischhälften waschen, trocken tupfen, mit Salz und Pfeffer würzen und mit Zitronensaft beträufeln.

Den Backofen auf 200 °C Ober- und Unterhitze vorheizen. Ein Backblech mit Backpapier auslegen.

Für die Füllung den Couscous in Wasser einweichen.

Frühlingszwiebeln putzen, waschen und in feine Ringe schneiden. Knoblauch schälen und fein würfeln. 8 mittlere Mangoldblätterspitzen beiseitelegen, den Rest putzen, waschen und in feine Streifen schneiden. Oliven halbieren. Thymian waschen, trocken schütteln, Blätter abzupfen und fein hacken.

In einer Pfanne 2 EL Öl erhitzen und Frühlingszwiebeln, Knoblauch und die Mangoldstreifen andünsten. Oliven, abgetropften Couscous und Thymian zufügen und mit Salz, Pfeffer und Cayennepfeffer abschmecken. Etwas von der Couscousmischung in die Fische füllen.

Jeweils 2 Mangoldblätterspitzen nebeneinander als Beet auf das Backblech legen. Die Rotbarben darauf verteilen, mit dem restlichen Couscous belegen und mit dem restlichen Olivenöl und Weißwein beträufeln. Im Backofen ca. 10 Minuten backen, bis der Fisch gar ist.

Variante – Sie können auch tiefgefrorene Fischfilets verwenden und statt Mangold Spinat oder anderes Gemüse nehmen.

Belugalinsen sind optisch schön, zerfallen nicht beim Kochen und schmecken sehr fein.
Kein Wunder, dass sie als Kaviar unter den Linsen bekannt sind.
Den Salat habe ich mal bei meiner Freundin Gertrud gegessen und seither immer wieder
versucht nachzukochen. Hier eine Version, die fast so gut ist wie die meiner Freundin.

Karamellisierter Lachs

MIT LINSENSALAT

Für 4 Portionen

Linsensalat
250 g Belugalinsen
500 ml Wasser

Curry-Vinaigrette
2 Schalotten
4 Stängel glatte Petersilie
1 EL Aceto Balsamico
1 TL thailändische rote Currypaste*
1 TL Palmzucker* oder Ahornsirup
2 EL Sojasauce
3 EL Olivenöl
feines Meersalz
Pfeffer aus der Mühle

Lachs
4 Lachsfilets ohne Haut (à ca. 125 g)
2 EL Butter
2 EL Honig
6 EL Sojasauce

Für den Salat die Linsen waschen, in einen Topf mit Wasser geben und ca. 15–20 Minuten kochen, bis sie noch bissfest sind.

Für die Vinaigrette die Schalotten schälen und fein hacken. Petersilie waschen, trocken schütteln, Blätter und feine Stängel abzupfen und ebenfalls fein hacken. Aceto Balsamico mit Currypaste, Palmzucker, Sojasauce sowie den Schalotten und der Petersilie verrühren. Zum Schluss das Olivenöl untermengen und mit Salz und Pfeffer abschmecken. Die Vinaigrette über die Linsen geben und gut vermischen.

Den Lachs waschen und trocken tupfen. In einer Pfanne Butter und Honig erhitzen und ca. 1 Minute karamellisieren lassen. Den Lachs darin von beiden Seiten bei niedriger Hitze braten. Mit der Sojasauce ablöschen und noch kurz ziehen lassen.

Zusammen mit dem Linsensalat auf Tellern anrichten.

Tipp – Damit der Lachs schön saftig bleibt, sollten Sie ihn möglichst schnell anbraten.

Geschmorter Rindfleisch- topf mit Aprikosen

Für 4 Portionen

700 g Rindergulasch
3 Zwiebeln
2 Knoblauchzehen
4 Stängel glatte Petersilie
4 EL Olivenöl
150 ml Rotwein
100 ml Wasser
100 g ungeschwefelte getrocknete Aprikosen
1 TL Kreuzkümmel
1 EL gehackter Ingwer
1 Lorbeerblatt
feines Meersalz
Pfeffer aus der Mühle
Cayennepfeffer

Das Gulasch waschen und trocken tupfen, falls die Würfel zu groß sind, diese etwas kleiner schneiden. Zwiebeln und Knoblauch schälen und hacken. Petersilie waschen, trocken schütteln, die Blätter abzupfen und fein hacken.

In einem Topf Öl erhitzen und das Fleisch in kleinen Portionen von allen Seiten anbraten. Zwiebeln und Knoblauch zufügen und kurz andünsten. Mit Rotwein ablöschen und mit Wasser aufgießen.

Aprikosen, Kreuzkümmel, Ingwer, Lorbeerblatt, Salz, Pfeffer, Cayennepfeffer zufügen. Mit geschlossenem Deckel bei mittlerer Hitze ca. 60 Minuten schmoren.

Noch einmal mit Salz und Pfeffer abschmecken, das Lorbeerblatt entfernen und mit Petersilie bestreut servieren.

Schmeckt zu Couscous, Reis oder mit Milhebrot (s. Seite 32).

Tipp – Achten Sie darauf, dass ausreichend Flüssigkeit im Topf ist. Bei Bedarf fügen Sie noch etwas Wasser hinzu. Wenn Sie es eilig haben, können Sie dieses Gericht auch im Schnellkochtopf zubereiten, dann benötigt es nur die Hälfte der Garzeit.

Variante – Mit Lammfleisch schmeckt es ebenfalls köstlich. Auch mit Hähnchenbrust, dann jedoch ist die Kochzeit wesentlich kürzer.

Dieses Rezept erinnert an „conejo en salmorejo" – eingelegtes Kaninchen von den Kanarischen Inseln.

MARINIERTES KANINCHEN IN CASHEWSAUCE

Für 4 Portionen

Kaninchen

3 Knoblauchzehen
1 rote Chilischote
2 Zweige Thymian
1 TL Oregano
1 TL Kreuzkümmel
70 ml Essig
100 ml Olivenöl
feines Meersalz
Pfeffer aus der Mühle
4 Kaninchenkeulen (à ca. 250 g)
1 Lorbeerblatt

Cashewsauce

½ Brötchen vom Vortag
150 ml Wasser
3 mittelgroße Zwiebeln
50 g ungeröstete Cashewkerne
4 Stängel glatte Petersilie
2 EL Olivenöl
100 ml Weißwein
½ Dose (425 g) ganze Tomaten
feines Meersalz
Pfeffer aus der Mühle

Knoblauch schälen und fein hacken. Chilischote waschen, Kerne entfernen und ebenfalls fein hacken. Thymian waschen, trocken schütteln und Blätter abzupfen. Alles mit Oregano, Kreuzkümmel, Essig und Olivenöl zu einer Paste verrühren und mit Salz und Pfeffer abschmecken.

Die Kaninchenkeulen waschen und trocken tupfen. Mit der Marinade vermengen, Lorbeerblatt zugeben und am besten über Nacht im Kühlschrank marinieren.

Für die Cashewsauce am nächsten Tag das Brötchen in Würfel schneiden und einige Minuten im Wasser einweichen. Die Zwiebeln schälen und in Würfel schneiden. Cashewkerne fein mahlen. Petersilie waschen, trocken schütteln und mit den Stängeln fein hacken.

In einem ausreichend großen Topf das Öl erhitzen und die Zwiebeln anschwitzen. Das Kaninchen aus der Marinade nehmen und die Marinade etwas abstreifen. Die Keulen von allen Seiten anbraten und mit Weißwein ablöschen. Die Tomaten, die restliche Marinade sowie das Brötchen samt Wasser zufügen und mit geschlossenem Deckel bei mittlerer Hitze ca. 40 Minuten garen. Bei Bedarf noch etwas Wasser zufügen.

Das Kaninchen aus der Sauce nehmen und die Sauce mit den gemahlenen Cashews andicken. Mit Salz und Pfeffer abschmecken, die Petersilie zufügen und zusammen mit dem Kaninchen servieren.

Schmeckt mit Kartoffeln oder Reis.

Variante – Statt mit Cashews schmeckt das Gericht auch sehr gut mit gemahlenen Mandeln. Sollten Sie kein Kaninchenfleisch mögen, probieren Sie es mit Hähnchenkeulen.

Küche Südost-asiens

Die Länder Südostasiens wie Thailand, Vietnam, Indonesien oder Laos gehören zu meinen liebsten Reisezielen. Die Sonne scheint, die Menschen sind sehr freundlich und kultiviert und das Beste: Das Essen ist einfach fantastisch! An jeder Ecke finden Sie kleine Garküchen, in denen auf engstem Raum die köstlichsten Speisen zubereitet werden. Man kann dort den ganzen Tag hervorragend schlemmen, so leicht ist das Essen. Und immer diese leckere Mischung aus süß, scharf, sauer und salzig: ein Fest für die Geschmackssinne!

Ich habe einige Monate in Bangkok verbracht und dort meiner Freundin Marina, einer begnadeten Köchin, einige ihrer besten Tricks abgeschaut. Das Wichtigste in der asiatischen Küche sind die frischen Zutaten. Zusammen waren wir oft stundenlang auf dem Markt und haben nach den besten Produkten gesucht. Zurück in Berlin habe ich entdeckt, dass sich die gleiche Technik auch auf Kohlrabi, Spargel oder Teltower Rübchen anwenden lässt. Im Wok kurz mit Chili oder Currypaste angedünstet und mit verschiedenen Gewürzen abgeschmeckt – schon haben Sie ein leckeres Gericht. Einer meiner Favoriten ist der würzig-scharfe Papaya-Salat, eine thailändische Delikatesse.

Als wir am letzten Tag in einem der Restaurants unseres Urlaubsresorts in Mui Ne, Südvietnam, unseren Abschiedsabend feierten, hatten wir das Glück, diese herrliche Kreuzung aus Sommer-rollen und Sushi zu genießen. Bei Kerzenschein, am Meer, mit den Füßen im Sand und einem leckeren Weißwein dazu. Unvergesslich!

SASHIMI-SOMMERROLLEN

MIT WASABI-DIP

Für 12 Rollen

Wasabi-Dip
3 EL Wasabipaste*
7 EL helle Sojasauce
2 EL Reisessig*

Sashimi-Rollen
2 Möhren
3 kleine Gurken
100 g grüne Bohnen
1 fester Kopfsalat,
z. B. Romanasalat
12 Stängel Minze
6 Stängel Koriander
4 Stängel Thai-Basilikum*
1 Bund Schnittlauch
500 g frisches Lachsfilet ohne Haut
12 Blätter Reispapier*
(Ø 12 cm)

Für den Dip die Wasabipaste mit Sojasauce und Reisessig verrühren. Nach Belieben mit etwas Wasser verdünnen.

Für die Sashimi-Rollen Möhren putzen, schälen und in feine lange Streifen schneiden. Die Gurken putzen, waschen und ebenfalls in lange Streifen schneiden. Die Bohnen putzen, in kochendem Wasser garen, dann kurz unter kaltem Wasser abschrecken und trocken tupfen.

Den Salat putzen, waschen und die Blätter trocken schleudern. Minze, Koriander, Thai-Basilikum und Schnittlauch waschen, trocken schütteln und grobe Stiele entfernen.

Den Lachs waschen, trocken tupfen und in längliche „Sashimi"-Streifen schneiden.

Die Reispapierblätter kurz in einer Schüssel mit warmem Wasser einweichen, dann auf Küchenhandtüchern ausbreiten und abtropfen lassen. Mit Lachs-, Möhren- und Gurkenstreifen sowie Bohnen und Kräutern belegen. Eng aufrollen, sodass noch ein wenig von der Füllung an den Enden herausragt. Die Rollen auf jeweils 1 Salatblatt legen und zusammen mit dem Wasabi-Dip genießen.

Variante – Hier können Sie Ihrer Fantasie freien Lauf lassen und immer wieder neue Ideen für Füllungen kreieren.

La-Lot-Blätter sind aromatischer und weniger scharf als Betel-Blätter*, diesen sonst aber sehr ähnlich. Sie finden sie in gut sortierten Asialäden. Alternativ können Sie sie durch Shiso*- oder Betel-Blätter ersetzen.

LA-LOT-HACKRÖLLCHEN
NACH VIETNAMESISCHER ART

Für ca. 20 Rollen

Vietnamesische Sauce (Nuoc cham)
1 rote Chilischote
1 Knoblauchzehe
6 EL Limettensaft
5 EL Fischsauce*
2 EL Palmzucker*
6 EL Wasser
1 Frühlingszwiebel

La-Lot-Röllchen
2 Stängel Zitronengras*
2 Frühlingszwiebeln
1 Stängel Koriander mit Wurzel*
1 TL Palmzucker*
(ersatzweise brauner Zucker)
½ TL feines Meersalz
500 g mageres Rinderhackfleisch
ca. 20 La-Lot-Blätter*
Öl zum Bestreichen und Braten

Für die vietnamesische Sauce die Chilischote waschen, Kerne entfernen und klein schneiden. Knoblauch schälen und ebenfalls klein schneiden. Beides in einem Mörser fein zerstoßen. Dann mit Limettensaft, Fischsauce, Palmzucker und Wasser vermengen. Die Frühlingszwiebel putzen, waschen, fein hacken und unter die Sauce mischen.

Für die La-Lot-Röllchen das Zitronengras waschen, die äußere harte Schale entfernen und den weißen, weichen mittleren Teil fein hacken. Frühlingszwiebeln putzen, waschen und klein hacken. Koriander waschen, trocken schütteln und den Stängel samt Wurzel fein hacken. Zusammen mit Palmzucker und Salz gut unter das Hackfleisch kneten.

Die La-Lot-Blätter waschen, trocken tupfen und mit der dunklen, glänzenden Seite nach unten nebeneinander legen. Auf jedes Blatt etwa 1 EL der Hackmasse verteilen, die Blätter aufrollen und mit einem Zahnstocher feststecken.

Die Röllchen mit etwas Öl bestreichen und dann, mit der Naht nach unten, bei mittlerer Hitze in einer Pfanne mit heißem Öl von allen Seiten braten.

Die La-Lot-Röllchen zusammen mit der vietnamesischen Sauce anrichten.

Info – Die oben beschriebene Sauce Nuoc cham gehört in Vietnam immer auf den Tisch. Ich würze damit gerne Fisch, Fleisch, frittierten Tofu oder mache damit Salate an. Sie können die Sauce gut im Kühlschrank aufbewahren.

Variante – Die Röllchen können Sie auch auf dem Grill zubereiten. Gefüllt mit Lachs sind sie ebenfalls ein echter Genuss.

SOM TAM

THAILÄNDISCHER PAPAYA-SALAT

Für 4 Portionen

1 unreife grüne Papaya* (ca. 500 g)
2 Knoblauchzehen
1 Schalotte
1–2 rote Chilischoten
6 Kirschtomaten
(ersatzweise 1 Tomate)
4 EL Fischsauce*
5 EL Limettensaft
3 EL Palmzucker*
(ersatzweise brauner Zucker)
1 Msp. feines Meersalz

außerdem
8–12 Kopfsalatblätter
50 g geröstete Cashewkerne

Die Papaya waschen, schälen, der Länge nach halbieren, mit einem Löffel die Kerne herauskratzen und das Fruchtfleisch in lange Streifen schneiden oder raspeln.

Knoblauch und Schalotte schälen und grob hacken. Chilis waschen, Kerne entfernen und ebenfalls grob hacken. Tomaten waschen und vierteln.

Alles in einen großen Mörser geben, Fischsauce, Limettensaft sowie Zucker zufügen und leicht zerdrücken. Dann die Papaya zugeben und gut vermischen. Nach Belieben alles zerstoßen, mit Salz abschmecken und auf frischen Salatblättern anrichten. Mit den Cashews bestreut servieren.

Tipp – Anstelle der grünen Papaya können Sie auch eine Mischung aus Kohlrabi, grünem Apfel und Möhren verwenden – das sollte dann ca. 500 g geraspelt ergeben.

In Nordkambodscha werden für diesen Salat meist getrockneter Fisch und Räucherfisch verwendet. Ich mag die Variante mit Räucherfisch besonders gern. Sie können aber auch Bückling, Forelle, Stremellachs, Makrele oder anderen nicht so fettigen Fisch verwenden. Der Fisch wird wie in Kambodscha üblich kross angebraten, was einen wunderbaren Kontrast mit der süß-scharf-sauren Sauce bildet.

GRÜNER MANGO-SALAT

MIT RÄUCHERFISCH

Für 4 Portionen

1–2 rote Chilischoten
1 Knoblauchzehe
1 EL Palmzucker*
(ersatzweise brauner Zucker)
½ TL feines Meersalz
2–3 EL Limettensaft
2 EL Fischsauce*
400 g grüne, sehr feste Mangos
300 g Möhren
3 große Schalotten
200 g Räucherfisch
100 g Mehl
4 EL Öl zum Braten
3 Frühlingszwiebeln
3 Stängel Minze
2 Stängel Dill
2 Stängel Koriander

Für die Sauce die Chilischoten waschen, Kerne entfernen und klein schneiden. Die Knoblauchzehe schälen und ebenfalls klein schneiden. Alles mit Palmzucker und Salz in einen Mörser geben und fein zerreiben. Zum Schluss Limettensaft und Fischsauce zufügen und gut verrühren.
Die Mangos schälen, das Fruchtfleisch vom Stein und in dünne Streifen schneiden. Die Möhren putzen, schälen und ebenfalls in dünne Streifen schneiden. Die Schalotten schälen, halbieren und in dünne Scheiben schneiden. Alles mit der Sauce vermengen.

Den Räucherfisch in Würfel schneiden und diese von allen Seiten in Mehl wenden. Das Öl in einer Pfanne erhitzen und die Fischwürfel darin portionsweise kross braten. Dann aus der Pfanne nehmen und auf Küchenpapier abtropfen lassen.

Den Salat auf Tellern verteilen und den Fisch darauf anrichten. Frühlingszwiebeln putzen, waschen und in feine Ringe schneiden. Die Kräuter waschen, trocken schütteln und Blätter abzupfen. Zusammen mit den Frühlingszwiebeln über den Salat streuen.

Tipp – Wer sich die Arbeit mit dem Streifen schneiden erleichtern möchte, kann auch auf einen Julienneschneider zurückgreifen.

SOM TAM – Dieser Salat erzeugt eine wahre Geschmacksexplosion im Mund. Traditionell wird er in einem großen, hohen Mörser zubereitet. Das Gemüse wird gewissermaßen zerdrückt und dabei vermischt. Das geht aber genauso gut in einer Schüssel. Ich verzichte hier auf die sonst üblichen getrockneten Garnelen oder das Krebsfleisch. Grüne Papayas finden Sie im Asialaden.

Laab Gai ist eine Spezialität aus Nord-Thailand, bei der man den Einfluss aus Laos merkt. Der Salat kann auch mit Enten-, Rind- oder Schweinefleisch zubereitet werden. Das geröstete Reispulver verleiht dem Gericht die besondere Note. Sie finden Reispulver im Asialaden. Sie können es auch selbst herstellen, indem Sie Klebereis rösten und dann in einer Küchenmaschine fein zermahlen.

LAAB GAI

WÜRZIGER HÄHNCHENSALAT MIT ZITRONENGRAS

Für 4 Portionen

300 g Hähnchenbrustfilet
6 EL Wasser
1–2 Stängel Zitronengras*
1 rote Chilischote
2 Schalotten
4 Kaffirlimettenblätter*
2 Stängel Koriander
5 Stängel Minze
2 EL Fischsauce*
4 EL Limettensaft
1 TL Zucker
2 EL geröstetes Reispulver*, z. B. Golden Phoenix Reis Glutineux (ersatzweise Paniermehl)
feines Meersalz
Pfeffer aus der Mühle

Das Hähnchenbrustfilet waschen, trocken tupfen und sehr klein hacken. Wasser erhitzen und das Fleisch darin unter Rühren garen. Dann auskühlen lassen.

Das Zitronengras waschen, die äußere harte Schicht entfernen und das weiche Innere des unteren Teils klein hacken. Die Chili waschen, nach Belieben Kerne entfernen und in Streifen schneiden. Schalotten schälen und fein hacken.

Die Kaffirlimettenblätter waschen und den inneren harten Strunk herausschneiden. Die Blätter dann in feine Streifen schneiden. Koriander und Minze waschen, trocken schütteln, Blätter abzupfen und fein hacken.

Hähnchenfleisch mit Fischsauce, Limettensaft, Zucker und Chili vermengen. Zitronengras, Reispulver, Schalotten, Kaffirlimettenblätter, Koriander und Minze zufügen. Alles gut verrühren und nach Belieben mit Salz und Pfeffer abschmecken.

Kalt zum Beispiel auf Salatblättern servieren. Dazu noch etwas Nuoc cham-Sauce (s. Seite 107) reichen.

Tipp – Kaffirlimettenblätter und gehacktes Zitronengras eignen sich bestens zum Einfrieren und können so portionsweise verwendet werden.

Meine Lieblingssuppe, die auch bei Gästen sehr gut ankommt. In meinem Tiefkühlschrank habe ich jede Menge Packungen von „Frozen tom yum mixed" (gibt es in jedem Asialaden). Darin enthalten sind Zitronengras, Galgant, Kaffirlimettenblätter und Chili. Eine kleine Packung (750 g) reicht für 2×Suppe, allerdings nehme ich nur ⅓ der beigefügten Chilis. Den Rest packe ich wieder in den Tiefkühler für die nächste Suppe. Es ist die perfekte Kombination, durch die Thaigewürze scharf-sauer-süß-salzig, aber dazu noch unerwartet cremig. Ich serviere diese Suppe gerne in kleinen Wassergläsern als Zwischengang oder als kleine Vorspeise.

CREMIGE SÜSSKARTOFFELSUPPE

MIT KAFFIR-ZITRONENGRAS-GALGANT

Für 10 Portionen

200 g Süßkartoffeln
200 g mehligkochende Kartoffeln
2 Korianderwurzeln* oder -stängel
500 ml Gemüsebrühe
½ kleine Packung (750 g)
„Frozen tom yum mixed"-Gewürz*
(ersatzweise 2 Zitronengrasstängel*, 2 cm Galgantwurzel*,
2–3 doppelte Kaffirlimettenblätter* und ½ Chilischote)
250 ml Kokosmilch
(am liebsten aus dem Tetrapak,
vor dem Gebrauch nicht schütteln!)
2 EL Fischsauce*
2 EL Limettensaft
1–2 TL Palmzucker*
(ersatzweise brauner Zucker)
feines Meersalz
10 Korianderblätter

Süßkartoffeln und Kartoffeln schälen, waschen und in Scheiben schneiden. Koriander waschen und klein schneiden. Zusammen mit der Gemüsebrühe in einen Topf geben und bei mittlerer Hitze weich kochen.

Das „Frozen tom yum mixed"-Gewürz zugeben und in der Suppe bei sehr niedriger Hitze ca. 5 Minuten ziehen lassen. Die Gewürze dann wieder entfernen.

Die Packung Kokosmilch öffnen, 3 EL Rahm von der Oberfläche abnehmen und beiseitestellen. Die restliche Kokosmilch in die Suppe geben und alles fein pürieren. Mit Fischsauce, Limettensaft und Palmzucker abschmecken. Bei Bedarf nachsalzen, die Suppe sollte scharf-sauer-süß-salzig schmecken.

Die Suppe in Gläsern anrichten und mit der abgeschöpften Kokossahne sowie 1 Korianderblatt garnieren.

Tipp – Die Kaffirlimettenblätter und Galgant nicht zu lange in der Suppe ziehen lassen, sie werden sonst schnell bitter.

In meinen Kochkursen fiel mir auf, dass einige Menschen allergisch auf Erdnüsse reagieren. Als Alternative zur in Asien typischen Erdnusssauce habe ich daraufhin diese Mandelsauce kreiert, die köstlich schmeckt und der Erdnusssauce in nichts nachsteht.

RINDFLEISCH-ZITRONENGRAS-SPIESSE

MIT MANDELSAUCE

Für 8–12 Spieße

Spieße

9–13 Stängel Zitronengras*
1 Schalotte
1 Knoblauchzehe
1 cm Ingwer
½ rote Chilischote
1 TL Koriandersamen
2 EL Sojasauce
1 TL Zucker
2 EL Reisessig*
2 EL Pflanzenöl
feines Meersalz
Pfeffer aus der Mühle
500 g Rindfleisch,
z. B. Rinderfilet oder Entrecôte
Öl zum Braten

Mandelsauce

½ Knoblauchzehe
½ rote Chilischote
50 g Mandelcreme*
8 EL lauwarmes Wasser
feines Meersalz
Pfeffer aus der Mühle

Für die Rindfleischspieße 1 Stängel Zitronengras waschen, die äußere harte Schicht entfernen und das weiche Innere am unteren Ende fein hacken.

Schalotte, Knoblauch und Ingwer schälen und klein schneiden. Chili waschen, Kerne entfernen und ebenfalls klein schneiden. In einem Mörser zunächst die Koriandersamen zerstoßen. Dann nacheinander Zitronengras, Schalotte, Knoblauch, Ingwer sowie Chili zufügen und zu einem Püree zerstampfen. Sojasauce, Zucker, Reisessig und Öl zufügen und mit Salz sowie Pfeffer abschmecken. Das Rindfleisch waschen, trocken tupfen und in sehr dünne Scheiben schneiden. Mit der Marinade würzen und mindestens 1 Stunde darin ziehen lassen.

In der Zwischenzeit für die Mandelsauce den Knoblauch schälen und fein hacken. Die Chilischote waschen, Kerne entfernen und ebenfalls fein hacken. Beides mit der Mandelcreme und dem Wasser vermengen und mit Salz und Pfeffer abschmecken.

Die restlichen Zitronengrasstängel waschen und die Enden mit einem Messer spitz zuschneiden. Das Fleisch wellenförmig und eng auf die Zitronengrasstängel spießen. In einer Pfanne in heißem Öl von beiden Seiten braten, sodass das Fleisch in der Mitte noch schön saftig ist.

Zusammen mit der Mandelsauce servieren.

Tipp – Falls Sie nicht genug Zitronengras haben, können Sie auch Holzspieße verwenden. Die Holzspieße sollten dann mindestens 1 Stunde in Wasser eingelegt werden, damit sie nicht verbrennen und sich das Fleisch leicht vom Spieß abziehen lässt.

Variante – Alternativ können Sie die Mandelcreme durch Erdnussbutter ersetzen. Für den typischen würzigen Geschmack der Sauce können Sie noch 1 EL Fischsauce und 3 EL Kokosmilch unterrühren.

Dieses Gericht ist chinesisch beeinflusst, immer anders und in ganz Südostasien zu finden. Die Thai-Chili-Paste sollten Sie immer im Kühlschrank haben, sie enthält alle wichtigen südostasiatischen Gewürze: Garnelenpaste, Tamarinde und Knoblauch. Beim Gemüse können Sie sich von Ihrem Kühlschrank inspirieren lassen. Auch Gemüsereste lassen sich in diesem Gericht gut verarbeiten.

WOKGEMÜSE MIT KNUSPRIGEN CASHEWS

Für 4 Portionen

1 Brokkoli
2 Möhren
150 g Champignons
1 Stange Lauch
3 Knoblauchzehen
6 EL Erdnussöl
150 g ungeröstete Cashewkerne
2 EL Thai-Chili-Paste*, je nach gewünschtem Schärfegrad
4 EL Sojasauce
2 EL Austernsauce* (ersatzweise Fischsauce*)

Brokkoli putzen, waschen, die Röschen abschneiden und in kochendem Wasser kurz bissfest garen. Möhren putzen, schälen und in Streifen schneiden. Champignons putzen und in Scheiben schneiden. Lauch putzen, waschen und in Ringe schneiden. Knoblauch schälen und fein würfeln.

2 EL Öl in einem Wok erhitzen und die Cashews unter Rühren ca. 3 Minuten rösten. Dann aus dem Wok nehmen und beiseitestellen. Etwas Öl zugeben und die Thai-Chili-Paste zusammen mit dem Knoblauch kurz unter Rühren anbraten. Lauch, Champignons und dann den Brokkoli zugeben und mit andünsten. Die Möhren zufügen und mit Soja- und Austernsauce ablöschen. Unter Rühren 1 Minute andünsten. Mit den Cashews bestreut servieren.

Dazu schmeckt Duft- oder Kokosreis.

Tipp – Damit die Aromen der verschiedenen Gemüsesorten perfekt zur Geltung kommen, sollten Sie sie schnell bei hoher Temperatur andünsten.

DESSERTS: HIMMLISCH SÜSS

Desserts dürfen bei einem gemütlichen Essen mit Freunden und Familie bekanntlich nicht fehlen. Mehr noch, als letzter Gang bleiben sie in besonderer Erinnerung.

Ein Expertentipp: Ich serviere gern nicht nur einen Nachtisch, sondern gleich drei, in kleinen Gläsern angerichtet und mit frischen Blüten, Früchten oder Bananenblättern verziert. Das sieht toll aus und meine Gäste sind von der Vielfalt beeindruckt. Gut vorzubereiten sind zum Beispiel meine geliebten Schokoladen-Trüffel-Spießchen oder das Orangen-Campari-Sorbet.

Mein besonderes Highlight in diesem Kapitel ist jedoch das Vanille-Tonkabohnen-Eis. Sie ahnen nicht, wie lange ich am Rezept für das perfekte Vanilleeis herum getüftelt habe! Vor einigen Jahren habe ich dann die perfekte Kombination gefunden: eine Prise Tonkabohne, damit es noch „vanilliger" schmeckt!

SCHOKOLADEN-TRÜFFEL-SPIESSCHEN

Für ca. 30 Stück

150 g Vollmilchschokolade
150 g Zartbitterschokolade
(mind. 60 % Kakaoanteil)
50 g Kokosfett
40 g kalte Butter
100 ml Sahne
50 ml Rum
1 Prise feines Meersalz

außerdem
Kakaopulver zum Bestäuben
30 schöne Erdbeeren (ersatzweise
andere Früchte, nach Belieben)

Die Schokolade klein hacken. Kokosfett und Butter in kleine Stücke schneiden und zusammen mit Sahne, Rum und Salz erhitzen. Kurz vor dem Siedepunkt von der Herdplatte nehmen, die Schokolade zufügen und unter Rühren schmelzen lassen.

Einen Pürierstab in die Masse stellen und vorsichtig durchmischen. Dabei aufpassen, dass der Stab nicht aus der Masse gehoben wird, damit keine Luft eindringt.
Eine flache Platte (ca. 15 × 20 cm) mit Frischhaltefolie auslegen und die Schokoladenmasse ca. 3 cm hoch einfüllen. Mit Frischhaltefolie abdecken und mindestens 12 Stunden in den Kühlschrank stellen.

Die Trüffelmasse dann von der Platte stürzen und in kleine, gleichmäßige Würfel schneiden. Von allen Seiten mit Kakao bedecken, jeweils 1 Schokoladen-Trüffelchen auf einen Zahnstocher stecken und bis zum Servieren kalt stellen.
Zusammen mit den Erdbeeren – oder anderen Früchten – servieren.

Tipp – Die Trüffelchen halten sich gekühlt und luftdicht verschlossen ca. 2 Wochen frisch.

SCHOKOLADENMOUSSE MIT KARAMELLSTREIFEN

Für 4 Portionen

Mousse
2 Eier
20 g Zucker
250 ml Sahne
100 g Zartbitterschokolade
(mind. 70 % Kakaoanteil)
75 g Vollmilchschokolade

Karamellstreifen
2 Blätter Frühlingsrollenteig*
4 EL Puderzucker

Für die Mousse die Eier trennen. Das Eiweiß steif schlagen. Die Eigelbe mit 2 EL heißem Wasser und dem Zucker cremig schlagen. Die Sahne steif schlagen und unter die Eigelbe heben.
Die Schokolade in Stücke brechen und über einem heißen Wasserbad schmelzen. Etwas abkühlen lassen und dann erst die Sahne, anschließend den Eischnee unter die noch flüssige Schokolade heben. Die Mousse in 4 Gläsern anrichten und bis zum Servieren in den Kühlschrank stellen.

Für die Karamellstreifen den Backofen auf 200 °C Ober- und Unterhitze vorheizen. Ein Backblech mit Backpapier auslegen.
Die Frühlingsrollenblätter in dünne Streifen schneiden und von beiden Seiten dick mit Puderzucker bestreuen. Auf das Backblech legen und ca. 6 Minuten im Backofen goldbraun und knusprig backen. Dabei aufpassen, dass die Streifen nicht zu dunkel werden. Auskühlen lassen und zusammen mit der Mousse anrichten.

Tipp – Das aufgeschlagene Eigelb bekommt eine schaumigere Konsistenz, wenn Sie es ebenfalls über einem Wasserbad aufschlagen. Dabei jedoch aufpassen, dass es nicht zu heiß wird, sonst gerinnt das Ei.

Kokos-Pannacotta

AUF PORTWEIN-BEEREN-SAUCE

Für 4 Portionen

Kokos-Pannacotta
3 Blatt Gelatine
1 Vanilleschote
250 ml Sahne
40 g Zucker
250 ml Kokosmilch

Beerensauce
300 g tiefgefrorene Beeren-mischung
1 TL frisch geriebener Ingwer
3 Nelken
130 g Zucker
Abrieb von 1 unbehandelten Limette
75 ml Portwein
150 ml Wasser
2 EL Limettensaft

außerdem
250 g frische Himbeeren oder Erdbeeren zum Garnieren
4 Minzblätter

Für die Pannacotta die Gelatine nach Packungsanweisung in kaltem Wasser einweichen.

Die Vanilleschote auskratzen. Die Sahne zusammen mit dem Zucker, der Vanilleschote und dem Vanillemark bei niedriger Hitze ca. 5 Minuten köcheln lassen. Den Topf vom Herd nehmen und die Vanilleschote entfernen. Dann die Gelatine ausdrücken und zur Sahne geben. Unter Rühren auflösen, zum Schluss die Kokosmilch einrühren.

Die Creme in 4 Förmchen füllen und ca. 3 Stunden im Kühlschrank fest werden lassen.

Für die Sauce die Beerenmischung zusammen mit Ingwer, Nelken, Zucker, Schalenabrieb, Portwein und Wasser aufkochen und ca. 10 Minuten einkochen. Mit Limettensaft abschmecken.

Die frischen Beeren putzen und waschen.

Die Pannacotta auf Teller stürzen. Zusammen mit der Sauce, den frischen Beeren und der Minze anrichten.

Tipp – Die Beerensauce hält sich ca. 2 Wochen im Kühlschrank.

Dieses Rezept ist die tropische Antwort auf die klassische Crème brûlée. Damit Sie vorgewarnt sind: Die karamellisierten Kokosraspel machen süchtig. Wir essen sie im Müsli oder einfach mal so, wenn wir Appetit auf Süßes haben. Trocken aufbewahrt bleiben sie einige Tage frisch.

CRÈME BRÛLÉE

MIT KARAMELLISIERTEN KOKOSRASPEL

Für 10 Portionen

Gewürzsirup
1 kg Zucker
1,3 l Wasser
2 cm Ingwer
1 Zimtstange
5 Nelken
1 Vanilleschote
Abrieb von ½ unbehandelten
Orange oder Zitrone

Crème brûlée
300 ml Sahne
200 ml Kokosmilch
Mark von 1 Vanilleschote
6 Eigelb
120 ml Gewürzsirup (s. o.)

außerdem
100 g frisch geraspeltes, dickes
Kokosnussfleisch (Asialaden,
Tiefkühlbereich)
40 g Puderzucker
4 gehäufte TL Zucker

Für den Gewürzsirup den Zucker zusammen mit dem Wasser bei mittlerer Hitze langsam aufkochen. Dann Ingwer, Zimt, Nelken, Vanilleschote und den Schalenabrieb zufügen und bei niedriger Hitze ca. 20 Minuten sirupartig einkochen. Abkühlen lassen und alles zusammen in eine Flasche oder ein Schraubglas abfüllen. Gut verschlossen hält der Sirup einige Monate.

Backofen auf 140 °C Ober- und Unterhitze vorheizen.

Sahne, Kokosmilch und Vanillemark in einen Topf geben und aufkochen. Die Eigelbe zusammen mit 120 ml Gewürzsirup in einer Schüssel schaumig aufschlagen. Die Schüssel auf ein heißes Wasserbad setzen und die heiße Kokosmilch-Sahne unter ständigem Rühren zufügen. So lange rühren, bis die Masse dicklich wird. Die Masse durch ein Sieb erst in eine kalte Schüssel passieren und dann in die Crème brûlée-Förmchen gießen.

Die Förmchen auf ein tiefes Backblech stellen und in den Backofen schieben. Wasser auf das Blech gießen, sodass die Förmchen zu zwei Dritteln im Wasser stehen und ca. 70–80 Minuten stocken lassen.

In der Zwischenzeit das Kokosfleisch in einer beschichteten Pfanne ohne Zugabe von Fett bei mittlerer Hitze rösten. Mit dem Puderzucker bestäuben und etwas karamellisieren.

Die fertige Crème brûlée mit Zucker bestreuen und diesen mithilfe eines Bunsenbrenners karamellisieren. Mit den Kokosraspel bestreuen und servieren.

Tipp – Falls Sie keinen Bunsenbrenner zur Hand haben, können Sie die Crème brûlée auch unter dem Backofengrill karamellisieren.

Zweierlei Orangen-Campari-Sorbet

Für 4 Portionen

2 EL Gewürzsirup (s. Seite 122)
200 ml Blutorangensaft
30 ml Campari
200 ml frisch gepresster
Orangensaft

Den Gewürzsirup wie auf Seite 122 beschrieben zubereiten.

Für das erste Sorbet den Blutorangensaft mit dem Campari vermischen und in einer Eismaschine zu Sorbet verarbeiten.

Für das zweite Sorbet den Orangensaft mit 2 EL Gewürzsirup vermengen und in einer Eismaschine zu Sorbet verarbeiten.

Beide Sorbets schräg in kleine Gläser einfüllen und bis zum Servieren einfrieren.

Tipp – Falls Sie keine Eismaschine haben, können Sie die Flüssigkeit auch in eine Schüssel füllen und für ca. 2 Stunden einfrieren. Während dieser Zeit alle 30 Minuten mit einem Pürierstab oder einer Gabel gut durchrühren, damit sich keine Eiskristalle bilden. Die Sorbets nach dieser Zeit in Gläser verteilen und erneut einfrieren.

Ananastatar

Für 4 Portionen

½ Ananas mit Blättern
2 Stängel Minze
1–2 EL Rohrohrzucker
75 ml Rum

Die Ananas schälen und den Strunk herausschneiden. Das Fruchtfleisch in kleine Würfel schneiden.

Die Minze waschen, trocken schütteln und einen Teil der Blätter zur Dekoration beiseitelegen. Die restlichen Blätter zusammen mit dem Zucker und dem Rum pürieren. Die Paste mit den Ananaswürfeln vermengen und mit den Minzblättchen garniert servieren.

Das Ananastatar schmeckt zum Gâteau au Chocolat (s. Seite 131) oder auch als Zwischengang nach dem Schweinebraten (s. Seite 42).

Variante – Wenn beispielsweise Kinder mitessen, sollten Sie statt des Rums lieber Apfelsaft verwenden.

Die Tonkabohne enthält Cumarin, ein Toxin, daher sparsam verwenden! Ihr wird eine hypno-tisch-erotisierende Wirkung nachgesagt, deshalb wird sie in den tropischen Gebieten wegen ihrer magischen und heilenden Kräfte eingesetzt. Auch in Herrenparfüm und Pfeifentabak findet sie Verwendung.

VANILLE-TONKABOHNEN-EIS
MIT FRUCHTSPIESS

Für 4 Portionen

Vanille-Tonkabohnen-Eis
1 Vanilleschote
3 Eigelb
60 g Zucker
150 ml Milch
300 ml Sahne
1 Tonkabohne*

Maracujasauce
3 Maracujas (ersatzweise
100 g Maracujapüree)
3 EL Wasser
1–2 EL Zucker
1 Prise Zimt
1 Prise Nelken

Fruchtspieße
12 mittlere feste Erdbeeren
4 feste Stängel Zitronengras*
1–2 EL Puderzucker,
nach Belieben
1 TL Vanillepulver,
nach Belieben

Für das Eis die Vanilleschote auskratzen. Die Eigelbe mit dem Zucker schaumig aufschlagen. Milch und 200 ml Sahne aufkochen. Die Vanilleschote sowie das Vanillemark zufügen und die heiße, aber nicht mehr kochende Flüssigkeit unter Rühren mit den Eigelben ver-mengen. Bei geringer Hitze so lange rühren, bis der Rücken eines Holzlöffels von der Creme dick überzogen wird (zur Rose abziehen). Dabei aufpassen, dass die Flüssigkeit nicht kocht.

Den Topf von der Herdplatte nehmen und die Tonkabohne hineinrei-ben. Gut verrühren, die Vanilleschote entfernen, in eine Schüssel füllen und im Kühlschrank abkühlen lassen. Die restliche Sahne steif schlagen und behutsam unter die kalte Creme heben. In eine Eisma-schine füllen und gefrieren.

Für die Sauce die Maracujas halbieren, das Fruchtfleisch mit einem Löffel aus der Schale lösen. Zusammen mit Wasser, Zucker sowie Zimt und Nelken in einen Topf geben, aufkochen und bei mittlerer Hitze die Flüssigkeit etwas reduzieren. Anschließend durch ein Sieb streichen.

Für die Fruchtspieße die Erdbeeren waschen und putzen. Das Zitronengras waschen und die äußeren Blattschichten abziehen. 3 Erdbeeren auf jeden Zitronengrasstängel spießen. Nach Belieben kurz vor dem Servieren mit Puderzucker und Vanille bestreuen.

Die Spieße zusammen mit dem Eis und der Maracujasauce anrichten.

Tipp – Falls Sie keine Eismaschine haben, füllen Sie die Masse in eine Schüssel und lassen sie im Tiefkühlfach gefrieren. Zwischendurch öfter herausnehmen und mit dem Schneebesen gut durchrühren, damit sich keine Eiskristalle bilden.

Variante – Wenn Sie es eilig haben, können Sie die Tonkabohne auch mahlen und unter gutes Vanilleeis aus dem Supermarkt rühren.

Aus der Back-stube

Finden Sie nicht auch, dass schon der Duft nach frisch gebackenem Kuchen für gute Laune sorgt? Ich bin als Kind quasi in der Strand-Bäckerei meiner Oma in Brasilien aufgewachsen und konnte es kaum erwarten, bis die Woche vorbei war, und ich sie wieder besuchen durfte. Seite an Seite standen wir in ihrer kleinen Backstube, in der es zwar ziemlich heiß war, aber mir die Hitze dennoch nichts ausmachte. Viel zu schön war es für mich, die verschiedenen Zutaten abzuwiegen, zu verrühren und dann zu sehen, wie im Ofen ein luftig-leichter Kuchen daraus entstand. Das hat mich so fasziniert, dass ich später meine eigene Konditorei in der Inselstadt Florianópolis gegründet habe.

Auch heute noch backe ich für mein Leben gern. Egal, ob einfache, aber unglaubliche leckere Rührkuchen wie den Gâteau au Chocolat oder Aufwendigeres wie die Früchte-Tartelettes. Bei diesem Rezept müssen Sie übrigens unbedingt Ihr Augenmerk auf den Boden richten, er ist ein Familienrezept und wunderbar knusprig, sodass ihm sogar die hohe Luftfeuchtigkeit Brasiliens nichts anhaben kann.

Für den Mürbeteig verwende ich das besagte Familienrezept, das sehr knusprig und fest ist und an Krokant erinnert. Damit sich die Arbeit auch lohnt, bereite ich den Teig in großen Mengen zu und friere die gebackenen Mürbeteig-Tartelettes bis zu 3 Monate ein. Sie können Tartelettes selbstverständlich auch bei einem guten Bäcker bestellen. Hier sind die Angaben für 48 kleine Tartelettes, 24 mit gebackenen Früchten und 24, um sie mit frischen Früchten zu belegen.

FRÜCHTE-TARTELETTES

Für 48 Mini-Tartelettes

Mürbeteig
350 g gesiebtes Mehl
140 g Zucker
1 kleines Ei
Mark von ½ Vanilleschote
1 Prise Salz
200 g kalte Butter

Mandelcreme
40 g zimmerwarme Butter
50 g Zucker
50 g gemahlene Mandeln
1 gestrichener EL Weizenstärke
1 Ei

Belag
350 g Früchte zum Mitbacken, z. B. Aprikosen, Äpfel, Ananas
300 g Früchte ohne Backen, z. B. Erdbeeren, Heidelbeeren, Johannisbeeren, Mango, Sternfrucht

außerdem
24er Mini-Muffinform
Butter zum Einfetten
Mehl zum Bearbeiten
1 Päckchen klarer Tortenguss, nach Belieben
gehackte Pistazien und Minzblätter zum Garnieren, nach Belieben

Für den Mürbeteig Mehl und Zucker vermengen. Das Ei, das Vanillemark, das Salz sowie die Butter zufügen und alles schnell zu einem glatten Teig verkneten. Zu einer Kugel formen, in Frischhaltefolie wickeln und mindestens 1 Stunde kühl stellen.

Für die Mandelcreme alle Zutaten zu einer glatten Creme verrühren.

Die Früchte putzen, waschen, gegebenenfalls schälen und klein schneiden.

Backofen auf 180 °C Ober- und Unterhitze vorheizen. Eine Mini-Muffinform einfetten.

Die Hälfte des Teigs auf einer leicht bemehlten Arbeitsfläche ausrollen. Kreise von ca. 4,5 cm Durchmesser ausstechen und die gefetteten Mulden der Form damit auslegen. Die Hälfte der Mandelcreme darauf verteilen und mit den zum Mitbacken bereitgestellten Früchten belegen. Im Backofen ca. 15 Minuten backen.

Den restlichen Teig ebenso verarbeiten, allerdings ohne Belag backen. Die Tartelettes sind nach ca. 10 Minuten fertig.

Die Tartelettes nach dem Abkühlen aus der Form nehmen und die unbelegten Tartelettes mit der restlichen Mandelcreme füllen und mit den frischen Früchten belegen.

Nach Belieben die gesamten Tartelettes noch mit Tortenguss abglänzen. Hierzu den Tortenguss nach Packungsanweisung zubereiten und über den Früchten verteilen. Wer mag, kann die Tartelettes noch mit gehackten Pistazien und Minze garnieren.

Tipp – Falls Sie keine Mini-Muffinform besitzen, können Sie auch eine 6er- oder 12er-Muffinform verwenden. Dazu müssen Sie die Kreise nur größer ausstechen.

Dieser einfache, schnelle und leckere Kuchen kann innerhalb von weniger als 50 Minuten inklusive Backzeit fertig sein.

BLITZ-ORANGENKUCHEN

Für 10 Kuchenstücke

Butter zum Einfetten
1 mittelgroße unbehandelte Orange
70 g neutrales Öl, z. B. Sonnenblumenöl
150 g brauner Zucker
50 g Mehl
1 EL Backpulver
3 Eier
1 Prise Salz
100 g gemahlene Mandeln

außerdem
Puderzucker zum Bestäuben

Den Backofen auf 180 °C Ober- und Unterhitze vorheizen. Eine Springform (Ø 26 cm) gut einfetten.

Die Orange heiß abwaschen, trocken reiben, vierteln und die Kerne entfernen. Die Orangenviertel samt Schale mit den restlichen Zutaten, bis auf die Mandeln, in einen Mixer oder Blitzhacker geben und gut durchmixen. Die Mandeln zum Schluss nur kurz unterrühren.

Den Teig gleichmäßig in die Springform füllen und im Backofen ca. 40 Minuten backen.

Den fertigen Kuchen kurz auskühlen lassen, dann aus der Form lösen und mit Puderzucker bestäubt servieren.

Variante – Wenn Sie es nicht so eilig haben, können Sie den Kuchen auch wie einen normalen Rührteig zubereiten.

Dieser Schokoladenkuchen ist seit drei Generationen eins der beliebtesten Rezepte in unserer Familie. ALLE wollen das Rezept. Es wurde immer erzählt, es sei ein Riesenaufwand und kompliziert, den Kuchen zu backen, dabei ist es ganz einfach. Wichtig ist vor allem, dass er in der Mitte feucht bleibt. Sobald dieser Kuchen zu lange im Ofen bleibt, schmeckt er ganz anders. Er hält sich abgedeckt und gekühlt bis zu 2 Wochen – falls Sie es so lange aushalten, ihn nicht zu essen …

GÂTEAU AU CHOCOLAT

SCHOKOLADENKUCHEN

Für 12 Kuchenstücke

200 g Zartbitterschokolade
180 g Butter
4 Eier
200 g brauner Zucker
1 Prise Salz
50 g gesiebtes Mehl
120 g gemahlene Mandeln
Mark von 1 Vanilleschote

Den Backofen auf 180 °C Ober- und Unterhitze vorheizen. Den Boden einer Springform (Ø 26 cm) mit Backpapier auslegen. Die Ränder müssen nicht eingefettet werden.

Die Schokolade in Stücke brechen und zusammen mit der Butter über einem heißen Wasserbad schmelzen.

Die Eier trennen. Das Eiweiß steif schlagen, langsam den Zucker und das Salz einrieseln lassen. Mehl und Mandeln miteinander vermengen.

Die Eigelbe und das Vanillemark unter die geschmolzene Schokolade rühren. Dann das Eiweiß portionsweise unter die Schokoladenmasse heben. Zum Schluss die Mandel-Mehl-Mischung nur kurz unterheben. Den Teig gleichmäßig in der Kuchenform verteilen und im Backofen ca. 20 Minuten backen. Der Kuchen muss in der Mitte unbedingt feucht bleiben.

Den fertigen Kuchen aus dem Ofen nehmen, etwas abkühlen lassen und aus der Form lösen.

Variante – Die Mandeln ersetze ich gern durch Kokos-, Hasel- oder Walnüsse.

Variante – Sie können den Kuchen ganz nach Ihrem Geschmack verändern. Während der Saison schmeckt er zum Beispiel auch mit Erdbeeren hervorragend.

Maracuja-Käse-Torte

Für 12 Tortenstücke

Mürbeteig
50 g kalte Butter
40 g Zucker
1 Eigelb
100 g gesiebtes Mehl
1 Prise Salz

Käsecreme
7 Blatt Gelatine
1 unbehandelte Limette
180 g Zucker
4 Eigelb
250 ml Milch
500 ml Sahne
500 g Magerquark

Maracujagelee-Guss
3 Blatt Gelatine
2 Maracujas
100 g Maracujapüree
100 ml Wasser
100 g Zucker

außerdem
Butter zum Einfetten

Für den Mürbeteig Butter, Zucker, Eigelb, Mehl und Salz zu einem glatten Teig verkneten. Zu einer Kugel formen, in Frischhaltefolie wickeln und mindestens 1 Stunde kühl stellen.

Den Backofen auf 180 °C Ober- und Unterhitze vorheizen. Den Boden einer Springform (Ø 26 cm) mit Butter einfetten.

Den Teig direkt auf dem Springformboden ausrollen, mit einer Gabel mehrmals einstechen, mit dem Springformrand umstellen und im Backofen ca. 12 Minuten goldbraun backen. Den fertigen Boden auskühlen lassen.

In der Zwischenzeit für die Käsecreme die Gelatine nach Packungsanweisung in Wasser einweichen. Limette heiß abwaschen, gut trocknen, die Schale abreiben und den Saft auspressen.

Zucker, Eigelbe, 3 EL Limettensaft, den Schalenabrieb und die Milch erwärmen, aber nicht kochen. Die eingeweichte Gelatine ausdrücken, zufügen und unter Rühren auflösen. Die Creme ca. 30 Minuten kalt stellen, bis die Masse zu gelieren beginnt.

Die Sahne steif schlagen. Erst den Quark unter die Zucker-Ei-Masse rühren, dann die steif geschlagene Sahne vorsichtig unterheben.

Einen Tortenring oder den gesäuberten Springformrand um den Tortenboden legen und die Käsecreme gleichmäßig darauf verteilen. Erneut ca. 1 Stunde kühl stellen, bis die Masse richtig fest geworden ist.

Sobald die Käsemasse fest ist, für den Maracujagelee-Guss die Gelatine nach Packungsanweisung einweichen. Die Maracujas halbieren und das Fruchtfleisch auslösen. Das Maracujapüree und das Fruchtfleisch mit dem Wasser und dem Zucker erwärmen. Die Gelatine ausdrücken, zugeben und unter Rühren auflösen. Das Gelee auf der Käsemasse verstreichen und ca. 30 Minuten kühl stellen. Die Torte dann aus dem Tortenring lösen und servieren.

Tipp – Falls Sie kein Maracujapüree bekommen, können Sie alternativ Maracujasaft mit 1–2 EL Maracujakonfitüre verrühren. Damit es schön aussieht, gebe ich noch ¼ TL schwarzen Sesam zum Guss.

Diese Torte ist perfekt für warme Tage, denn sie ist köstlich, erfrischend und angenehm sauer. Und der Joghurt verleiht ihr eine leichte Note.

LIMETTENMOUSSE-TORTE

Für 12 Tortenstücke

Mürbeteig
50 g kalte Butter
40 g Zucker
1 Eigelb
100 g gesiebtes Mehl
1 Prise Salz

Limettenmousse
4 Blatt Gelatine
4 unbehandelte Limetten
170 g Zucker
200 g Joghurt
400 ml Sahne

Geleeguss
1 unbehandelte Limette
1 Päckchen klarer ungezuckerter Tortenguss
2 EL Zucker

außerdem
Butter für die Form

Für den Mürbeteig Butter, Zucker, Eigelb, Mehl und Salz zu einem glatten Teig verkneten. Zu einer Kugel formen, in Frischhaltefolie wickeln und mindestens 1 Stunde kühl stellen.

Für die Mousse die Gelatine nach Packungsanweisung in kaltem Wasser einweichen. Limetten heiß abwaschen, gut trocknen und von zwei Limetten die Schale abreiben. Alle Limetten auspressen und 120 ml Saft abmessen. Den Saft und den Schalenabrieb zusammen mit dem Zucker verrühren, bis dieser sich aufgelöst hat. Den Limettensaft erwärmen. Die ausgedrückte Gelatine im warmen Limettensaft unter Rühren auflösen und alles zügig unter den Joghurt rühren.

Die Sahne steif schlagen und portionsweise unter die Joghurt-Limettensaftmasse heben. Die Mousse anschließend ca. 1 Stunde kalt stellen. Zwischendurch immer wieder umrühren.

Den Backofen auf 180 °C Ober- und Unterhitze vorheizen. Den Boden einer Springform (Ø 26 cm) mit Butter einfetten.

Den Teig direkt auf dem Springformboden ausrollen, mit einer Gabel mehrmals einstechen, mit dem Springformrand umstellen und im Backofen ca. 12 Minuten goldbraun backen. Den fertigen Boden auskühlen lassen.

Den Tortenboden mit einem Tortenring oder dem gesäuberten Springformrand umstellen und die Mousse gleichmäßig auf dem Boden verstreichen. Im Kühlschrank ca. 1 Stunde kalt stellen.

Für den Geleeguss Limette heiß waschen, gut trocknen, die Schale mit einem Zestenreißer in dünnen Streifen abziehen und die Limette dann auspressen.
Den Tortenguss nach Packungsanweisung mit Limettensaft, -zesten, und Zucker zubereiten, bei Bedarf mit etwas Wasser auf die benötigte Menge auffüllen.
Etwas abkühlen lassen und den flüssigen Guss gleichmäßig auf der Torte verteilen. Die Torte noch einmal ca. 1 Stunde kühl stellen, dann aus dem Tortenring lösen und servieren.

Tipp für Eilige – Wenn es schnell gehen soll, können Sie auch fertigen Tortenboden im Supermarkt oder bei Ihrem Bäcker kaufen. Eine besondere Note bekommt er, wenn Sie ihn vor dem Bestreichen mit der Limettenmousse mit ein wenig Gewürzsirup (s. Seite 122) beträufeln.

Wer es abwarten kann, sollte den Kuchen nach dem Abkühlen noch einige Zeit am besten gekühlt ziehen lassen, dann schmeckt er noch besser.

Ananas-Walnuss-Tarte

Für 10 Tartestücke

Mürbeteig
90 g kalte Butter
60 g Zucker
1 Eigelb
150 g gesiebtes Mehl
1 Prise Salz

Ananasbelag
1 kg Ananaswürfel (aus der Dose)
Mark von 1 Vanilleschote
3 EL Rum
1 Prise Zimt
Abrieb von 1 unbehandelten
Zitrone

Walnussmasse
125 g zimmerwarme Butter
150 g Zucker
3 Eier
3 EL Mehl
170 g fein gehackte Walnusskerne

außerdem
Butter für die Form
Mehl zum Bearbeiten
Puderzucker zum Bestäuben
Pistazien zum Verzieren

Für den Mürbeteig Butter, Zucker, Eigelb, Mehl und Salz zu einem glatten Teig verkneten. Zu einer Kugel formen, in Frischhaltefolie wickeln und mindestens 1 Stunde kühl stellen.

Die Ananas über einem Sieb gut abtropfen lassen. Die Würfel dann mit Vanillemark, Rum, Zimt sowie Zitronenabrieb vermengen und mindestens 1 Stunde ziehen lassen.

Den Backofen auf 180 °C Ober- und Unterhitze vorheizen. Eine Tarte- oder Springform (Ø 26 cm) gut mit Butter einfetten.

Für die Walnussmasse die Butter mit dem Zucker schaumig schlagen. Dann Eier, Mehl und Walnüsse zufügen und zu einer glatten Masse verrühren.

Den Mürbeteig auf einer bemehlten Arbeitsfläche rund, etwas größer als die Form, ausrollen. Dann so in die Form legen, dass auch der Rand damit bedeckt ist.

Die marinierten Ananasstücke über einem Sieb abtropfen lassen. Die Marinade dabei auffangen und unter die Walnussmasse mengen.

Die Walnussmasse auf dem Tarteboden verstreichen, dann mit den Ananaswürfel belegen und im Backofen ca. 1 Stunde backen.

Die fertige Tarte auskühlen lassen und nach Belieben mit Puderzucker und Pistazien bestreut servieren.

Variante – Diese Tarte kann auch mit anderen Früchten wie z. B. Boskop-Äpfeln belegt werden. Die Marinade gibt den Dosenfrüchten etwas Pep.

Dieser Kuchen war der Renner in der Konditorei meiner Oma. Dieser saftige Apfelkuchen ist sehr leicht zu machen, da man keinen Teig ausrollen muss.

Apfel-Honig-Kuchen

Für 12 Kuchenstücke

Belag
1,2 kg säuerliche Äpfel,
z. B. Boskop
50 g Butter
2 EL Zucker

Teig
180 g weiche Butter
80 g brauner Zucker
250 g Honig
1 Prise Salz
½ TL Nelken
½ TL Zimt
Mark von 1 Vanilleschote
300 g gesiebtes Mehl
½ Päckchen Backpulver
3 Eier
100 ml Milch

außerdem
Butter zum Einfetten
100 g Nüsse, z. B. Paranüsse
Puderzucker zum Bestäuben

Den Backofen auf 180 °C Ober- und Unterhitze vorheizen. Eine Springform (Ø 26 cm) mit Butter einfetten.

Die Äpfel waschen, schälen, das Kerngehäuse entfernen und in Spalten schneiden. Butter und Zucker in einem Topf hell karamellisieren, die Äpfel zugeben und ca. 7 bis 10 Minuten andünsten. Dann auskühlen lassen. Die ausgekühlten Apfelspalten in der Backform verteilen, dabei einen ca. 1 cm breiten Abstand zum Rand lassen.

Für den Teig Butter, Zucker und Honig schaumig schlagen. Salz, Nelken, Zimt und Vanillemark unterrühren. Mehl mit Backpulver verrühren, zusammen mit den Eiern und der Milch unter den Teig rühren und alles zu einer glatten Masse verarbeiten.

Den Teig gleichmäßig in der Backform verteilen, mit den gehackten Nüssen bestreuen und ca. 40 Minuten backen.

Aus dem Ofen nehmen und etwas auskühlen lassen. Dann vorsichtig aus der Form lösen, stürzen, mit Puderzucker bestäuben und servieren.

Tipp – Beträufeln Sie die Apfelspalten mit etwas Zitronensaft, damit sie nicht braun werden. Wenn Sie es nussig mögen, können Sie die Hälfte des Mehls durch gemahlene Mandeln ersetzen.

Die Torte ist eins der Rezepte aus meiner eigenen Konditorei in Brasilien. Als die Gerüchte umgingen, dass ich nach Deutschland ziehen würde, bot mir die Besitzerin eines anderen Cafés einen hohen Betrag, damit ich ihr das Rezept verrate. Das habe ich selbstverständlich nicht gemacht.

Tonkabohnen-Schokoladen-Mousse-Torte

Für 12 Tortenstücke

Biskuitboden
3 Eiweiß
120 g Zucker
5 Eigelb
2 EL Wasser
30 g Mehl
30 g Kakaopulver

Tonkabohnen-Schokoladen-Mousse
2 Blatt Gelatine
4 Eier
40 g Zucker
500 ml Sahne
200 g Zartbitterschokolade
(mind. 60 % Kakaoanteil)
150 g Vollmilchschokolade
½ Tonkabohne*

außerdem
Kakaopulver zum Bestäuben
gehackte Pistazien zum
Verzieren

Backofen auf 160 °C Ober- und Unterhitze vorheizen. Den Boden einer Springform (Ø 26 cm) mit Backpapier auslegen.

Für den Schokoladenbiskuit das Eiweiß mit 80 g Zucker steif schlagen. Die Eigelbe zusammen mit 40 g Zucker und dem Wasser schaumig schlagen. Mehl und Kakaopulver gut vermischen.

Die Eiweißmasse unter die Eigelbmasse heben, anschließend behutsam die Mehlmischung untermengen. Den Teig gleichmäßig in der Springform verteilen und im Backofen ca. 20 Minuten backen. Den Boden kurz abkühlen lassen, aus der Form lösen, stürzen, das Backpapier abziehen und vollständig auskühlen lassen. Den Boden mit einem scharfen Messer gerade schneiden.

Für die Tonkabohnen-Schokoladen-Mousse die Gelatine nach Packungsanweisung in kaltem Wasser einweichen. Die Eier trennen. Das Eiweiß zusammen mit dem Zucker steif schlagen. Dann die Sahne steif schlagen.

Die Schokolade in Stücke brechen und über einem heißen Wasserbad schmelzen. Die Tonkabohne fein in die flüssige Schokolade reiben und die Eigelbe unterrühren.

Die ausgedrückte Gelatine in der heißen Schokolade unter Rühren auflösen. Zuerst die Sahne und dann den Eischnee vorsichtig unterheben. Die Masse etwas auskühlen lassen.

Einen Tortenring oder den gesäuberten Springformrand um den Schokoladenbiskuit stellen und die Tonkabohnen-Schokoladenmousse gleichmäßig auf dem Tortenboden verteilen. Die Torte mindestens 3 Stunden kalt stellen, dann den Tortenring entfernen. Mit Kakaopulver bestäubt und mit Pistazien bestreut servieren.

Info – Die Tonkabohne, bzw. der Inhaltsstoff Cumarin, wird aufgrund ihres vanilleähnlichen Geschmacks als Ersatz für echte Vanille verwendet. Sollten Sie also keine Tonkabohne bekommen, verwenden Sie einfach das Mark einer Vanilleschote.

COCKTAILS

Für mich gibt es kaum etwas Schöneres, als an einem warmen Sommerabend gemütlich mit Freunden und Familie im Freien zu sitzen und mit Genuss einen Cocktail zu trinken. Deshalb war für mich klar, dass mein Kochbuch unbedingt mit einem Cocktail-Kapitel abschließen muss.

Probieren Sie einfach mal meine Rezeptvariante für Batida aus – Punch Coco. Dieser schmeckt weniger süß und sehr viel aromatischer als die fertig zubereitete Variante aus dem Supermarkt. Erfrischend und köstlich!

Hibiskusblüten sind etwas Wunderbares und in vielen Ländern verbreitet. In Mexiko heißt das daraus hergestellte Erfrischungsgetränk „Agua de Jamaica". Auch in Europa bekommt man den fertigen Sirup aus den Blüten in Feinkostläden (z. B. aus Australien: Rosella Flowers Wild Hibiskus). Allerdings lohnt es sich, diesen Sirup selbst zu machen. Falls Sie auf einer Ihrer Reisen eine wilde Hibiskuspflanze sehen, pflücken Sie die Blätter und bereiten Sie daraus einen Salat. Es gibt nichts Besseres ...

Das Spannende an diesem Rezept ist, dass sich die Blüte durch die Kohlensäure des Champagners langsam im Glas öffnet.

CHAMPAGNER MIT ROSELLENBLÜTE

Für 7 Champagner- oder Sektgläser

Rosellen-Hibiskus-Sirup
300 g Zucker
750 ml Wasser
25 g getrocknete Hibiskusblüten*

außerdem
4 eingelegte Hibiskusblüten*
1 kalte Flasche Champagner
(ersatzweise Cava brut)

Für den Sirup Zucker und Wasser in einen Topf geben und aufkochen. Die Hibiskus-blüten zufügen, aufkochen und dann bei niedriger Hitze ca. 40 Minuten zu einem Sirup einkochen. In saubere Flaschen oder Gläser füllen und luftdicht verschließen. Im Kühl-schrank hält sich der Sirup mehrere Monate. In jedes Champagnerglas eine Hibiskusblüte geben, mit Champagner aufgießen und mit etwas Rosellen-Hibiskus-Sirup verfeinern.

KINDERVARIANTE

Selbst gemachte Hibiskus-Limonade
1 l Mineralwasser mit Kohlensäure
Eiswürfel
5 EL Rosellen-Hibiskus-Sirup (siehe oben)

Eiswürfel und Mineralwasser in eine Karaffe geben, Sirup zufügen und gut vermengen.

Das ist die karibische Version der "Batida de côco", die in Deutschland ja sehr beliebt ist. Allerdings wundere ich mich immer darüber, in welchen Mengen sie im Supermarkt gekauft wird, da sie oft pappig süß und nach künstlichen Plastikaromen schmeckt – ganz anders als dieses Rezept.

PUNCH COCO

Für 10 Gläser (à 50 ml Inhalt)

3 EL Kokosraspel
Saft von 1 Limette
300 g gezuckerte Kondensmilch, z. B. Milchmädchen
300 ml weißer Rum
300 ml Kokosmilch
Mark von 1 Vanilleschote
1 Prise Muskatnuss
½ TL Zimt
Eiswürfel

In einer Pfanne ohne Zugabe von Fett die Kokosraspel unter ständigem Rühren anrösten. Dann kalt werden lassen. Die Gläserränder erst in den Limettensaft und anschließend in die Kokosraspel tauchen, sodass sie am Rand haften bleiben. Kondensmilch, Rum, Kokosmilch, Vanillemark, Muskatnuss und Zimt in einen Mixer geben und ca. 1 Minute mixen. Eiswürfel auf Gläser verteilen und mit dem Cocktail aufgießen.

Tipp – Falls noch etwas von dem Cocktail übrig bleibt, lässt er sich in einer geschlossenen Flasche im Kühlschrank etwa 2 Wochen aufbewahren.

Hier eine herrliche Batida de Maracuja, die man auch mit Rum oder Wodka zubereiten kann. Übrigens, Maracujafrüchte gelten bei uns in Brasilien als beruhigend.

CRUSHED PASSION

Für 4 Gläser (à 100 ml Inhalt)

200 g Maracujafruchtpüree
150 ml Cachaça*
(ersatzweise weißer Rum oder Wodka)
4–6 EL Rohrohrzucker
Crushed Ice

Die Gläser kalt stellen.
Alle Zutaten in einen Mixer geben und gut mischen. In die gekühlten Gläser gießen und servieren.

Tipp – Falls Sie kein Maracujapüree bekommen, können Sie auch 10 bis 12 Maracujafrüchte verwenden, die Kerne gehören unbedingt in den Cocktail, sie sehen wunderbar aus!

Ein tolles Partygetränk. Für Erwachsene mit gutem Rum verfeinern. Für Kinder eignen sich Johannisbeersaft und Wasser sehr gut. Als weitere Abwandlung bietet sich eine Bowle an, einfach klein geschnittene Ananasstücke zugeben und fertig.

Rosella-Drink

Für 7 Gläser (à 200 ml Inhalt)

40 g getrocknete Rosella-Hibiskus-Blütenblätter*
(ersatzweise Hagebutten-Hibiskustee)
1 große Zimtstange
20 g geschälter Ingwer
Abrieb von 1 unbehandelten Orange
6 Nelken
1 Stängel Zitronengras*, nach Belieben
350 g brauner Zucker
1,5 l Wasser
Rum, nach Belieben
Eiswürfel

Die Hibiskusblüten mit Zimt, Ingwer, Orangenschale, Nelken, nach Belieben Zitronengras sowie Zucker vermengen und 6 Stunden, am besten jedoch über Nacht, ziehen lassen. Am nächsten Tag Wasser zufügen und ca. 30 Minuten köcheln lassen. Abkühlen lassen, die Gewürze entfernen und nach Belieben mit Rum abschmecken.

Mit Eiswürfeln servieren.

< MARTINI-MOJITO MIT LITSCHIS

Für 4 Gläser (à 200ml Inhalt)

6 Stängel Minze
3 EL Rohrrohrzucker
8 EL Limettensaft
70 ml Litschisaft (Asialaden)
200 ml Martini
4 EL Orangenlikör, z. B. Cointreau
½ TL 5-Gewürze-Pulver*
4 Litschis für die Gläser
2 Handvoll Eiswürfel

Minze waschen, trocken schütteln und die Blätter abzupfen. Einige Minzblätter für die Dekoration beiseitelegen. Mit Zucker, Limettensaft, Litschisaft, Martini, Orangenlikör und 5-Gewürze-Pulver gut mixen, dann die Minzblätter entfernen.
Jeweils 1 Litschifrucht, einige Eiswürfel, sowie die Minzblätter in die Gläser verteilen und den Cocktail darüber gießen.

PISCO SOUR >

Für 4 Gläser (à 100ml Inhalt)

1 Eiweiß
60 g Zucker
80 ml frisch gepresster Limettensaft
130 ml Pisco*
2,5 Handvoll Crushed Ice
Angostura* oder Zimt zum Garnieren

Eiweiß und Zucker in einen Shaker geben und so lange gut schütteln, bis sich der Zucker aufgelöst hat. Limettensaft, Pisco und Crushed Ice zugeben und erneut mixen.
Die Gläser bis zur Hälfte füllen, dann den Rest verteilen, damit alle Gläser gleich viel Schaum haben. Mit Angostura oder Zimt bestreuen und servieren.

Diese köstliche Margarita-Variation probierte ich zum ersten Mal bei meiner Freundin Arlen Gargaliano. Hier meine Version, die übrigens auch mit Erdbeeren schmeckt!

< WASSERMELONEN- MARGARITA

Für 4 Gläser (à 200 ml)

8 EL Limettensaft
3–4 EL Zucker
140 ml Tequila
60 ml Orangenlikör, z. B. Cointreau
400 g kernloses Wassermelonen-Fruchtfleisch
4 Handvoll Crushed Ice

Limettensaft, Zucker, Tequila, Orangenlikör und Wassermelone fein pürieren. Alles in mit Crushed Ice gefüllte Gläser füllen und sofort servieren.

Tipp – In Mexiko wird der Margarita klassisch mit Salzrand serviert: Dafür die Gläserränder mit einer Limettenhälfte befeuchten, kurz in Meersalz tunken und die Gläser dann kalt stellen.

SAKERINHA   >

Für 4 Gläser (à 200 ml Inhalt)

4 unbehandelte Limetten
4 EL weißer Rohrohrzucker
2 Handvoll Crushed Ice
240 ml japanischer Sake*

Die Limetten heiß abwaschen, trocken reiben und jeweils achteln. Dann auf 4 Gläser verteilen und mit jeweils 1 EL Zucker bestreuen. Mit einem kleinen Holzstampfer die Limetten stampfen, sodass der Saft austritt. Aufpassen, dass die Schale nicht zu sehr beschädigt wird, sonst treten Bitterstoffe aus. Jedes Glas mit Crushed Ice sowie 60 ml Sake auffüllen und mit einem Strohhalm servieren.

Das Auge isst mit. Schon deswegen ist ein liebevoll gedeckter Tisch mindestens genauso wichtig wie ein gut zubereitetes Essen. Bereits mit wenigen kleinen Tricks gelingt Ihnen eine schöne Tischdekoration. Wichtig ist, dass Ihre Dekoration Ihren ganz persönlichen Touch zur Geltung bringt. Damit drücken Sie den Gästen Ihre Freude über ihre Anwesenheit aus.

Kerzen, Kerzen, Kerzen! Dekorieren Sie Ihren Tisch mit vielen kleinen und großen Kerzen, denn sie sorgen für angenehmes Licht und eine gemütliche Stimmung. Neben Kerzenständern können Sie auch kleine Teelichter oder schöne Gläser verwenden. Bitte achten Sie darauf, dass die Kerzen alle sicher stehen und keine Brandgefahr besteht!

Blüten und Blätter geben jedem Tisch ein spezielles Flair. Dekorieren Sie ganz nach dem Anlass! Bei asiatischen Menüs sind Bananenblätter und Orchideenblüten unschlagbar, bei italienischen sollte die Deko eher schlicht ausfallen: Gutes Brot und ein feines Olivenöl sind hier wichtiger als Blüten. Bei einem afrobrasilianischen oder karibischen Essen bringen Blumentischdecken oder -servietten einen Hauch Exotik.

Geschickt platzierte **Blumen** betonen Ihre Gastfreundlichkeit. Vermeiden Sie aber stark duftende Blumen, das Aroma Ihrer Gerichte ist viel wichtiger! Achten Sie bitte auch darauf, dass Sie keine zu großen Blumengestecke auf den Tisch stellen, Ihre Gäste sollten sich noch sehen können! Besser geeignet sind kleine Schalen, die Sie mit Wasser und kleinen Blüten füllen: Ein größeres Grünblatt reicht, sonst wird es zu unruhig.

Einen Großteil meiner **Tischdecken** nähe ich selbst aus Stoffen, die ich von meinen Reisen mitgebracht habe. Passend dazu mache ich auch immer Stoffservietten. Achten Sie darauf, dass die Decke mit der gesamten Tischdekoration harmoniert. Wenn Blumen und Buntes darauf stehen, sollten Sie eine weiße Tischdecke bevorzugen. Bunte Tischdecken eignen sich besser für eine schlichte Dekoration und einfarbiges Geschirr. Unter die Tischdecke legen Sie am besten eine weiche dünne Unterlage. Das fühlt sich gemütlicher an und vermeidet zudem, dass die obere Decke wegrutscht. Für einen entspannten Abend decken Sie den Tisch unbedingt rechtzeitig.

Auch die **Sitzordnung** am Tisch sollte stimmen: Machen Sie sich vorher Gedanken, wer zu wem passt. Platzteller gehören, wie ich finde, unbedingt an einen schön gedeckten Tisch. Die Teller der verschiedenen Gänge müssen allerdings gut darin sitzen. Die Speiseteller sollten einfarbig sein, denn die Farben und Form Ihrer Gerichte stehen im Vordergrund. Mit kreativen Kleinigkeiten, wie z.B. selbst geschriebene Menü- oder Tischkarten, sagen Sie Ihren Gästen, dass Sie ihnen Ihre Zeit und Ihre Zuwendung gerne schenken!

GLOSSAR

Aji Amarillopaste   Klassische peruanische Würzpaste aus gelben Chilischoten. Schmeckt leicht scharf mit fruchtigem Aroma. Passt zu Fleisch, Fisch oder Gemüse.   lateinamerikanisches Lebensmittelgeschäft, Feinkostversand

Aji-Panca-Chilipaste   Violette peruanische Chilipaste aus der Aji-Panca-Chilischote, die einen leicht fruchtigen Geschmack hat. Schmeckt gut zu Fleisch und Fisch. Alternativ kann man 3 EL scharfes Paprikapulver mit 1 TL Kreuzkümmel und 2 EL Olivenöl verrühren.   lateinamerikanisches Lebensmittelgeschäft, Feinkostversand

Angostura   Bitterlikör, der in Lateinamerika verbreitet ist. Er wird gerne für die Zubereitung von Cocktails genutzt. Außerdem wird er tropfenweise als Würzmittel verwendet.   Spirituosenladen, gut sortierter Supermarkt

Austernsauce   Allzweckwürzmittel der asiatischen Küche. Die dickflüssige dunkelbraune Sauce wird aus Austernextrakt und Sojasauce hergestellt und schmeckt zu Gemüse, Fleisch oder Fisch.   Asialaden, gut sortierter Supermarkt

Bananenblätter   Sie dienen in Asien und Lateinamerika beim Garen von Gemüse, Fleisch oder Fisch als „Hülle", in der die Lebensmittel schonend gegart werden. Damit sich die Blätter besser bearbeiten lassen, einfach in heißem Wasser einweichen und vor der Verarbeitung trocken reiben.   Asialaden, aus dem Gemüsefach

Betel-Blätter   Blätter eines asiatischen Pfeffergewächses, die je nach Sorte recht scharf schmecken.   Asialaden

Birdeye-Chilischoten   Mittelscharfe kleine rote Chilischoten. Für die Rezepte des Buchs werden sie entkernt, für die typische tropische Schärfe würde ich Ihnen aber empfehlen, die Kerne mitzuverarbeiten.   Asialaden, gut sortierter Gemüsehändler oder Supermarkt

Bulgur   Besonders im arabischen Raum beliebter vorgekochter und grob zerkleinerter Weizen, der als Beilage wie Reis gegessen wird.   gut sortierter Supermarkt, Bio-Supermarkt, türkisches Lebensmittelgeschäft

Cachaça   Brasilianischer Zuckerrohrschnaps, der in keinem Caipirinha fehlen darf.   gut sortierter Supermarkt, Spirituosenladen

Couscous Grundnahrungsmittel der nordafrikanischen Küche. Die kleinen gelben Kügelchen werden als Grieß aus Weizen, Hirse oder Gerste hergestellt. Wie Reis wird Couscous als Beilage zu Fleisch und Gemüse serviert. *gut sortierter Supermarkt, Bio-Supermarkt, türkisches Lebensmittelgeschäft*

Fischsauce Sehr intensiv riechende, bernsteinfarbene Sauce, die aus fermentiertem Fisch (meist Anchovis) hergestellt wird. In Asien wird sie gerne und häufig als Gewürz genutzt, da sie den Geschmack eines Gerichts verstärkt, ohne Fischaroma zu hinterlassen. *Asialaden*

Frozen tom yum mixed-Gewürz Fertige Gewürzmischung aus Zitronengras, Galgant, Kaffirlimettenblättern und Chili. *Asialaden, aus dem Gefrierfach*

Frühlingsrollenteig Asiatische Teigblätter aus Weizenmehl, die mit Gemüse, Fleisch oder Fisch gefüllt und frittiert werden. *Asialaden, aus dem Gefrierfach*

5-Gewürze-Pulver Asiatische Gewürzmischung aus Sternanis, Szechuanpfeffer, Zimt, Fenchelsamen und Nelke. Schmeckt zu Fleisch, Geflügel und Fisch und hier auch zum Cocktail. *Asialaden, gut sortierter Supermarkt*

Galgant Gelbliche Knolle, auch als Thai-Ingwer bekannt. Sie wird geschält und in Scheiben geschnitten mitgekocht. Aufgrund ihres scharf-bitteren Aromas wird sie vor dem Essen entfernt. *Asialaden*

Gari Süß-sauer eingelegter Ingwer, der immer zu Sushi und gern zu Fisch und Meeresfrüchten gegessen wird. *Asialaden, gut sortierter Supermarkt*

Geröstetes Reispulver Geröstetes Klebereismehl, das zum Würzen und Binden von Gerichten verwendet wird. Es lässt sich gut selbst herstellen: 2–3 EL ungekochten Klebereis ohne Zugabe von Fett in einer Pfanne unter Rühren goldbraun rösten und dann in einem Mörser zerstampfen oder in einer Kaffeemühle bzw. Küchenmaschine fein mahlen. Gut verschlossen hält es einige Monate. *Asialaden*

Grüne Papaya Gemüsepapaya, die nicht mit einer unreifen Papaya aus dem Supermarkt zu verwechseln ist. Sie ist hart, lang und dunkelgrün. *Asialaden*

Grünkern Grün glänzende Dinkelkörner, die würzig und leicht geräuchert schmecken und wie Reis zubereitet werden. *Reformhaus, Bio-Supermarkt*

Halloumi Zyprische Spezialität. Der Käse ist halbfest und wird aus Kuh-, Schafs- oder Ziegenmilch angeboten. Wird gerne zum Grillen verwendet. *gut sortierter Supermarkt, Bio-Supermarkt, türkisches Lebensmittelgeschäft*

Hibiskusblüten Gehören zu den Malvengewächsen und kommen aus Australien, Lateinamerika oder Asien. Im Handel getrocknet zu finden. *Gewürzladen, Teeladen*

Kaffirlimettenblätter Klassisches südostasiatisches Gewürz mit herb-zitronigem Aroma, das zum Würzen von Fleisch, Geflügel und Fisch verwendet wird. Die Blätter werden wie Lorbeer mitgekocht und vor dem Servieren entfernt. Eignen sich bestens zum Einfrieren, so können Sie die einzelnen Blätter portionsweise verwenden. *Asialaden, aus dem Gefrierfach*

Kochbananen Grundnahrungmittel in Asien, Afrika und Lateinamerika. Sie schmecken ähnlich wie mehlige Kohlrabi und werden gekocht, gebraten oder frittiert. *Asialaden, gut sortierter Supermarkt*

Koriander mit Wurzel In Asien werden nicht nur die grünen Blätter des Korianders genutzt. Die Wurzeln schmecken nicht so seifig wie die Blätter und werden in Thailand z.B. für frische Currypasten mit mehreren Gewürzen zusammen gemörsert und verarbeitet. *Asialaden*

Krebsfleisch Wird in der Regel auch in Dosen abgepackt angeboten, um das empfindliche Fleisch länger haltbar zu machen. Bei der Verwendung dann aber mit frischem Fisch oder Garnelen mischen. In größeren Asialäden gibt es sehr oft küchenfertiges und eingefrorenes Krebsfleisch, einfach nachfragen! *Asialaden, gut sortierter Supermarkt, türkisches Lebensmittelgeschäft*

Kumquats Kleine, orangefarbene Frucht mit bittersaurem Aroma, die oft auch eingelegt serviert wird. *Asialaden, gut sortierter Supermarkt*

GLOSSAR

La-Lot-Blätter Vietnamesisches Gewürzkraut dessen Blätter leicht pfeffrig und scharf schmecken. Sie werden gern gegrillt oder zum Einwickeln von Fleisch, Gemüse oder Reis verwendet. Sie sind auch unter der Bezeichnung Cha-Plu-Blätter bekannt. Asialaden

Mandelcreme Wird aus süßen Mandeln hergestellt, die zu einer feinen Creme verarbeitet werden. Schmeckt als Brotaufstrich, eignet sich aber auch zum Verfeinern von Saucen. Bio-Supermarkt, Reformhaus

Maniok/Maniokmehl In den Tropen angebautes Lebensmittel, das auch unter der Bezeichnung Cassava oder Yuka bekannt ist. Maniok ist sehr stärkehaltig und wird zu Mehl verarbeitet oder wie Kartoffeln gekocht. Frischer Maniok wird gründlich geschält, sodass alle schwarzen Stellen entfernt sind (wichtig, sie enthalten Blausäure). Er wird in reichlich Salzwasser gekocht und dann der Länge nach halbiert, um die harte innere Faser zu entfernen. Im Asialaden wird auch geschälter, tiefgefrorener Maniok angeboten. Asialaden, afrikanisches oder lateinamerikanisches Lebensmittelgeschäft

Mirin Japanischer Koch-Reiswein, der süßer schmeckt als Sake und mit 14 % Vol. einen geringeren Alkoholgehalt hat. Asialaden, gut sortierter Supermarkt

Okraschoten Gemüsepflanze aus Afrika, die auch im asiatischen, arabischen und amerikanischen Raum wegen ihres mild-herben Aromas in Eintöpfen oder als Gemüsebeilage zubereitet wird. Damit die Okras nicht schleimig werden, kochen Sie sie einfach in einem Gemisch aus Essig und Wasser oder frittieren Sie sie in reichlich Öl. Asialaden, afrikanisches oder türkisches Lebensmittelgeschäft

Palmherzen Auch Palmitos genannt. Essbares Mark der jungen Triebe am oberen Ende einer Palme. Sie werden zum Verkauf vor allem in Zentralamerika gezüchtet und schmecken intensiv nussartig. Sie werden überwiegend als Konserve angeboten. Asialaden, Feinkostladen

Palmöl Das Palmöl (Azeite de Dendê) ist ein schweres, orangefarbenes tropisches Öl, das aus der Ölpalme gewonnen wird und sehr kräftig schmeckt. Da es hitzestabil ist, wird es in Brasilien und einigen Ländern Afrikas gerne zum Braten von Speisen verwendet. Die Mengen an Palmöl sind hier im Buch sehr gering, für den original afrobrasilianischen Geschmack sollten Sie mehr davon verwenden. Asialaden, afrikanisches oder lateinamerikanisches Lebensmittelgeschäft

Palmzucker Zucker, der aus den Blütenständen der Atta- und Zuckerpalme gewonnen wird. Er ist nicht ganz so süß wie herkömmlicher Zucker und hat einen leicht karamellartigen und malzigen Geschmack. Eignet sich hervorragend, um Desserts und Kuchen sowie asiatische Gerichte zu würzen, da er für das perfekte Gleichgewicht von süß-sauer-scharf-salzig sorgt. Asialaden

Pisco Peruanischer und chilenischer Weinbrand. Spirituosenladen, lateinamerikanisches Lebensmittelgeschäft

Quinoa Senfkorngroße, gelbe Körner aus den südamerikanischen Anden. Wie Amaranth glutenfrei. Wird ähnlich wie Reis zubereitet und gegessen. Bio-Supermarkt, Reformhaus, Feinkostladen

Räuchermehl Sägemehl, das häufig aus Buchenholz gewonnen wird. Wird zum Räuchern von z.B. Fisch oder Fleisch verwendet. Angelfachgeschäft, Schreiner

Reisessig Wird aus Reiswein und fermentiertem Reis hergestellt. Schmeckt milder als Obstessig und wird zum Würzen von Sushi-Reis, Gemüse oder Suppen im gesamten asiatischen Raum verwendet. Asialaden, gut sortierter Supermarkt

Reisnudeln Nudeln aus Reismehl, die verbreitet in der asiatischen Küche verwendet werden. Schmecken zu Fleisch, Fisch und Gemüse. Sie werden in der Regel kurz in kaltem Wasser eingeweicht und dann nur ganz kurz gegart. Asialaden

Reispapier Dünne Platten aus Reismehl, die fest sind. Vorher eingeweicht werden sie gerne mit Gemüse oder Fleisch gefüllt. Im Regal zu finden, nicht zu verwechseln mit Frühlingsrollenteig aus dem Tiefkühlbereich. Asialaden, gut sortierter Supermarkt

Sake Japanischer Reiswein, der geschmacklich trockenem Sherry ähnelt. Wird zum Sushi getrunken. Asialaden, gut sortierter Supermarkt

Schwarzaugenbohnen Sehr schmackhafte Bohnen aus Afrika. Sie sind hellgelb-beige und haben einen schwarzen Punkt. Neben Eintöpfen werden sie auch als Gemüsebeilage zubereitet. Asialaden, afrikanisches oder türkisches Lebensmittelgeschäft

Shichimi tōgarashi Klassische japanische Gewürzmischung aus 7 Zutaten, Hauptbestandteil ist Chili. Wird gerne zur Würzung von Suppen verwendet. Zum Selberherstellen: 2 TL gerösteter weißer Sesam, 2 TL zerbröckelte Norialgen, 2 TL Sansho-Pfeffer, 2 TL abgeriebene, getrocknete Mandarinen- oder Orangenschale, 2 TL Chilipulver, 1 TL schwarzer Sesam, 1 TL Mohnsamen miteinander vermengen und fein zermösern. Asialaden

Shiitakepilze Würziger asiatischer Pilz, der getrocknet oder frisch angeboten wird.
Asialaden, gut sortierter Supermarkt

Shisoblätter Blätter der Perillapflanze mit leicht minzigem Aroma, die in der japanischen Küche häufig für Sushi genutzt werden. Asialaden

Shoyu Japanische Sojasauce aus fermentierten Sojabohnen und geröstetem Getreide. Wird gerne zum Marinieren sowie zur Würzung von Suppen und Gemüse verwendet. Asialaden, gut sortierter Supermarkt, Feinkostladen

Sushi-Ingwer Süß-sauer eingelegter Ingwer, der gerne zu Sushi, Fisch und Meeresfrüchten gegessen wird. Asialaden, gut sortierter Supermarkt

Sushireis Spezieller Reis für die Zubereitung von Sushi. Er hat einen hohen Stärkeanteil und klebt deswegen gut. Asialaden, gut sortierter Supermarkt

Tahin Paste aus fein gemahlenen Sesamsamen. Weit verbreitet in der arabischen Küche, z. B. als Zutat von Hummus. türkisches Lebensmittelgeschäft, Bio-Supermarkt, Reformhaus

Tandoori-Masala-Gewürz Asiatische Gewürzmischung aus Kreuzkümmel und Koriander, die klassisch in Indien u. a. für die Zubereitung von Hühnchen (Tandoori-Chicken) genutzt wird.
Asialaden, gut sortierter Supermarkt

Tarowurzel In allen warmen Ländern und Japan ein beliebtes Gemüse, das optisch an eine Kartoffel mit brauner Haut erinnert. Sie schmeckt mild und stärkehaltig. Asialaden, afrikanisches Lebensmittelgeschäft

Thai-Basilikum Schmeckt ein wenig süßlich-lakritziger als normaler Basilikum und wird gerne zum Würzen von Suppen, Currys und Salaten verwendet. Asialaden

Thai-Chili-Paste Scharfe Würzpaste auf Basis von Chilis, die zum Schärfen und Würzen von Fleisch und Gemüsegerichten verwendet wird.
Asialaden, gut sortierter Supermarkt

Thailändische rote Currypaste Beliebte Zutat in thailändischen Currys. Sie besteht u. a. aus Chili, Knoblauch und Zitronengras und schmeckt fruchtiger als grüne Currypaste. Asialaden, gut sortierter Supermarkt

Tonkabohnen Mandelförmiger Samen des Tonkabaums, der ein leichtes Vanille-Aroma hat. Wird in kleinen Mengen bei der Zubereitung von Desserts und Süßspeisen verwendet. Gewürzladen, Feinkostversand

Wantan-Blätter Hauchdünne Platten aus Nudelteig, die oft tiefgefroren angeboten werden. Schmecken frittiert oder gedämpft mit Gemüse oder Fleisch gefüllt. Asialaden

Wasabipaste Grüne Paste bestehend aus japanischem Meerrettich. Wasabi wird klassisch zu Sushi gereicht, aber auch sonst zum Würzen von Fleisch und Fisch verwendet. Asialaden, gut sortierter Supermarkt

Weinblätter Klassiker im Mittelmeerraum: Die Blätter der Weinrebe werden in Öl oder Salzlake eingelegt und mit Reis, Gemüse oder Fleisch gefüllt zubereitet. Frische Blätter werden wie hier als Deko für Salate genutzt. türkisches Lebensmittelgeschäft, gut sortierter Supermarkt

Zitronengras Auch als Lemongras bekannt. Es schmeckt wie der Name verrät leicht zitronig. Beim Kochen werden die äußeren harten Blätter entfernt und das weiche Innere fein gehackt. Im Asialaden wird auch tiefgefrorenes, gehacktes Zitronengras angeboten. Asialaden

Rezeptregister

Danksagung

Viele Menschen unterstützten mich während der Vorbereitung dieses Buchs.
Meinen Eltern in São Paulo sowie Sérgio, Yara und Iraê danke ich für ihren
immerwährenden Beistand.
Meiner Literaturagentin Petra Eggers sowie Lisa Shoemaker, die immer den
richtigen Ton trifft, danke ich für ihre Unterstützung.
Besonders dankbar bin ich Jonny Soares und Ulf Meyer zu Kueingdorf für die
genialen Anregungen. Ebenfalls dankbar bin ich Brit Lippold, von Kochlust,
Andreas Klöckner und dem Team von Goldhahn & Sampson, Pascale Jean-
Louis, Judith Strausfeld, Jörg Hoppe, Giovanna Göbel, Marina Pipatpan, Margit
Knapp, Baby Garroux und Katja Frommel.
Last but not least danke ich dem Team der brasilianischen Botschaft in Berlin
sowie meinem Kochpartner Urs Hug und den vielen Köchinnen und Köchen, mit
denen ich die Leidenschaft fürs Kochen teile.   www.sabinehueck.de

Impressum

Cocina Sabina

Lieblingsrezepte von Sabine Hueck

Herausgeber
Ralf Frenzel

© 2011
Tre Torri Verlag GmbH, Wiesbaden
www.tretorri.de

Idee, Konzeption und Umsetzung:
CPA! Communications- und Projektagentur GmbH, Wiesbaden
Die CPA! ist Mitglied der Deutschen Akademie für Kulinaristik und fördert
Slow Food Deutschland e. V.
www.cpagmbh.de

Gestaltung/Illustration: Gaby Bittner, Wiesbaden
Fotografie: Peter Schulte, Hamburg
Reproduktion: Lorenz & Zeller, Inning a. A.

Printed in Slovakia

ISBN 978-3-941641-44-0